"十四五"职业教育国家规划教材

职业教育物流管理专业教学用书

岗课赛证综合育人系列教材

快递实务

（第2版）

贾铁刚 等编著

电子工业出版社

Publishing House of Electronics Industry

北京·BEIJING

内 容 简 介

本书系统地介绍了快递的基本理论和业务操作流程，内容设置以快递服务过程为主线，分解为七个学习项目，分别是走进快递、快递业务规范、快递收件业务操作、快递处理业务操作、快递派送业务操作、国际及港澳台地区快递业务操作、快递保价与赔偿业务等。每个项目包含若干个任务，每个任务均安排了任务展示、任务目标、任务准备、任务执行、任务评价、拓展提升和知识加油站等环节，便于学生理解和掌握所学内容，体现了较强的实操性。

本书可作为职业院校物流服务与管理、物流管理、物流工程技术、冷链物流技术与管理、采购与供应管理及其他相关专业的教材，也可作为从事快递、电子商务物流工作的技术和管理人员的培训教材，以及物流企业和工商企业的物流服务管理人员的参考读物。

未经许可，不得以任何方式复制或抄袭本书之部分或全部内容。
版权所有，侵权必究。

图书在版编目（CIP）数据

快递实务 / 贾铁刚等编著. —2 版. —北京：电子工业出版社，2024.1
ISBN 978-7-121-46771-4

Ⅰ.①快… Ⅱ.①贾… Ⅲ.①快递 Ⅳ.①F618.1

中国国家版本馆 CIP 数据核字（2023）第 226641 号

责任编辑：王志宇
印　　刷：中国电影出版社印刷厂
装　　订：中国电影出版社印刷厂
出版发行：电子工业出版社
　　　　　北京市海淀区万寿路 173 信箱　邮编 100036
开　　本：880×1 230　1/16　印张：10.25　字数：262.4 千字
版　　次：2019 年 11 月第 1 版
　　　　　2024 年 1 月第 2 版
印　　次：2025 年 8 月第 7 次印刷
定　　价：45.00 元

凡所购买电子工业出版社图书有缺损问题，请向购买书店调换。若书店售缺，请与本社发行部联系，联系及邮购电话：（010）88254888，88258888。

质量投诉请发邮件至 zlts@phei.com.cn，盗版侵权举报请发邮件至 dbqq@phei.com.cn。
本书咨询联系方式：（010）88254523，wangzy@phei.com.cn。

前　言

随着我国网络购物业务的发展，快递业也呈现竞争加剧的发展趋势。《国务院关于促进快递业发展的若干意见》（以下简称《意见》）将快递业发展纳入国家战略。《意见》明确了我国快递业发展的四大内容，提出了五项任务、六大举措，是我国出台的第一份全面指导快递业发展的纲领性文件，是快递业发展的一个重要里程碑；2023年，我国第一部专门针对快递行业的行政法规《快递暂行条例》实施；2024年，《快递市场管理办法》修订，这些都充分体现了国家对快递业的高度重视。

快递业的发展为物流人才提供了大量的就业岗位，同时也需要大量接受过物流专业系统学习并能够全面掌握快递业务基本流程、熟练操作快递各个业务环节的基层和一线业务操作人员及管理人员。为了培养适合快递业的人才，必须加大快递人才培养力度，努力扩大快递专业人才规模，提高快递从业人员的职业素质和专业技能。

本书的编写紧跟时代步伐，将党的路线、方针、政策融入编写理念。教材编写过程中始终以习近平总书记在二十大报告中提出的"实施科教兴国战略，强化现代化建设人才支撑"的思想为理念，结合快递基本流程和各岗位职责，具体针对快递企业的快递员、分拣员、客服人员及管理人员等职业岗位的真实工作任务设计课程，在以学生就业为导向并满足学生职业发展需要的基础上，为快递及相关物流企业培养全面掌握快递业务基本流程、熟练操作快递各环节业务的技能型人才。

本书在教学设计和内容安排上，采用项目教学法，以任务驱动的方式组织实训，其主要任务是通过对快递业的介绍，使学生走进快递行业，知晓快递收寄、处理和派送业务及其操作流程，了解快递客户服务标准，认识常见的智能快递设备，提高独立操作、分析和解决快递业务问题的能力，为学生搭建一个形象的、可操作的实训作业情景，并为学生进入快递企业工作奠定技能基础。

本书每个项目包含若干任务，针对每项任务，我们都设计了任务展示、任务目标、任务准备、任务执行、任务评价、拓展提升、知识加油站、思政小故事、习题巩固等模块，旨在通过操作性很强的任务调动学生的学习兴趣和工作积极性。本书突出实用性和趣味性，书中的二维码链接有助于读者更直观地理解知识，也是对知识内容的进一步延伸。

本书的主要特点如下。

（1）**立德树人，课程思政**。本书将社会主义核心价值观和物流工匠精神融入教学内容，在"润物细无声"中培养学生认真严谨、精益求精的职业精神，较好地体现课程思政。

(2) **岗课赛证，书证融通**。本书把学历证书与职业技能等级证书结合起来，探索实施1+X证书制度，是国务院之前发布的"职教20条"的重要改革部署。本书积极响应国家的职教改革部署，岗课赛证，综合育人，是书证融通的精品教材。

(3) **岗位导向，任务驱动**。本书基于任务驱动和工作过程的流程进行编写，将快递行业相关岗位的工作任务转化为教学任务，实现"岗位导向，任务驱动"，体现"工学结合，理实一体"的教学理念。

(4) **三个对接，三个融合**。本书实现"三个对接"，分别是课程体系与岗位需求的对接、学习内容与工作内容的对接、校内教学资源与企业培训资源的对接。同时该书较好地体现了"三个融合"，即职业教育与思政教育、情感教育、职业生涯规划教育的融合。

(5) **突出典型，注重实务**。本书在编写过程中遵循"突出典型，注重实务"，有利于培养快递行业的实用型技能人才和管理人才。

(6) **内容精当，资源丰富**。本书教学内容安排精当，行文简明，深入浅出；通过二维码拓展了教学资源，丰富了教学内容。

(7) **全彩印刷，图文并茂**。本书全彩印刷，以图文并茂的形式展示内容，直观形象地介绍相关的知识点和技能点，不仅可以作为职业院校物流专业课程教材使用，还可以供相关物流从业人员作为参考资料或培训使用。

本书由贾铁刚、梁钦、谢利霞、杨泳琳编著。全书由贾铁刚统稿、修改并最后定稿。

我们在编写过程中参考了大量的文献资料，借鉴和吸收了国内外众多学者的研究成果，在此对相关文献的作者表示诚挚的感谢。由于编写水平有限，书中难免有疏漏之处，敬请广大读者提出宝贵意见并反馈给我们。

编　者

目　　录

项目一　走进快递 …………………… 1
　　任务一　快递服务 ……………… 3
　　任务二　国内快递业务 ………… 7
　　任务三　国际快递业务 ………… 15

项目二　快递业务规范 ……………… 21
　　任务一　操作规范 ……………… 23
　　任务二　礼仪规范 ……………… 28
　　任务三　服务规范 ……………… 35

项目三　快递收件业务操作 ………… 41
　　任务一　快件接单作业 ………… 43
　　任务二　快件收寄作业 ………… 48
　　任务三　快件验收与包装作业 … 54
　　任务四　快件后续处理作业 …… 62

项目四　快递处理业务操作 ………… 68
　　任务一　快件中转验收作业 …… 70
　　任务二　快件分拣作业 ………… 74
　　任务三　快件封装作业 ………… 81
　　任务四　快件发运作业 ………… 85

项目五　快递派送业务操作 ………… 91
　　任务一　快件派送作业 ………… 93
　　任务二　快件结算作业 ………… 98
　　任务三　快件异常情况处理作业 …… 101
　　任务四　快件派送路线设计作业 …… 107
　　任务五　快件查询、咨询与投诉作业… 113

项目六　国际及港澳台地区快递业务
　　　　操作 ……………………… 118
　　任务一　国际快递作业 ………… 120
　　任务二　港澳台快递作业 ……… 126

项目七　快递保价与赔偿业务 ……… 131
　　任务一　快递合同的签订与履行 …… 133
　　任务二　快递保价 ……………… 143
　　任务三　快递违约与赔偿 ……… 149

参考文献 …………………………… 155

项目一
走进快递

　　党的二十大报告强调:"培养造就大批德才兼备的高素质人才,是国家和民族长远发展大计。"快递从业人员在工作过程中要学会分析快递服务的含义和种类;能够快速寄递邮件,满足客户对时限的要求;能够为客户提供便捷的快递服务;能够安全、无误地将快件送达收件人手中。

项目目标

知识目标	1. 认识快递服务、快件和快递业相关岗位的工作内容 2. 了解快递的基本特征和快递服务的分类 3. 认识国内快递业务和我国快递服务的发展历程 4. 了解国内快递业务的分类和国内快递业务流程 5. 认识国际快递业务和国际快递邮件分类标准 6. 了解国际快递邮寄要求和国际快递与国内快递的比较
技能目标	1. 熟悉快递业的发展历程 2. 精通快递业相关岗位及职责 3. 熟悉国内十大快递企业的发展情况 4. 熟悉国际特快专递邮件业务并会分析 EMS 优势 5. 熟悉中国速递国际快件业务并会分析国际快递业务的特点
素质目标	1. 培养学生树立文明服务意识 2. 培养学生树立时间和效率意识 3. 培养学生树立可持续发展意识 4. 培养学生树立安全责任意识 5. 培养学生严谨细致的职业品质

知识图谱

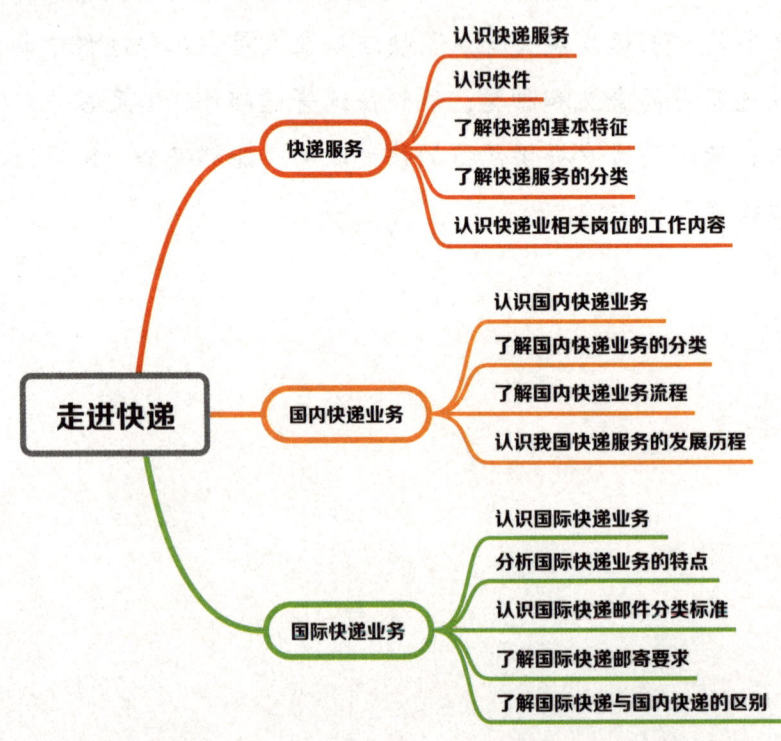

项目一 走进快递

 任务一 快递服务

任务展示

小王是快递公司刚入职的一名员工,领导希望他能够快速地了解快递企业的相关组织结构、行业现状、工作环境和业务类型等内容。小王该怎么去了解这些信息呢?快来和他一起学习一下吧!

本任务学习资料

任务准备

任务准备1:认识快递服务

《快递服务》(GB/T27917—2011)中对快递服务的定义:快递服务是指在承诺的时限内快速完成的寄递服务。在很多方面,快递要优于邮政的邮递服务。除了可以较快送达目的地及必须签收,现在很多快递公司均提供邮件追踪、送递时间承诺及其他客户需要的服务。因此,快递的收费比普通邮递高出许多。快递业务可以不同的规模运作,小至特定市镇间的服务,大至跨区域、跨国甚至全球服务。

任务准备2:认识快件

《快递服务》(GB/T27917—2011)中对快件的定义:快件是快递服务组织按承诺时限快速递送的信件、包裹、印刷品等的总称,如图1-1所示。

图1-1 快件

任务准备3:了解快递的基本特征

➢ **服务性**

快递的需求是衍生需求,快递属于第三产业中的服务行业。服务性是快递的基本特征,因此服务质量直接决定了快递企业的运营状况。

➢ **网络性**

网点的增加对业务量的影响有两个:一是新增网点的快递业务直接增加了业务总量;二是由于便利性的提高及公司影响的扩大,原有网点的业务量也间接增加了。

➢ **时效性**

在全球都讲究效率的前提下,时效性更是快递的本质要求,也是信息、物品类传递服务的基本要求。快递的实物传递性,决定了在保证安全、准确的前提下,传递速度是其最重要的服务之一。

➢ **规模经济性**

规模效应是所有企业都追求的,当然也包括快递企业。当快件的数量达到一定规模时,无论是分拣效率还是运输效率都会得到很大的提高。

任务准备4:了解快递服务的分类

快递服务的分类标准如表1-1所示。

表1-1 快递服务的分类标准

序 号	分 类 名 称	内　　容
1	国际快递服务	国际快递服务是指寄件人和收件人分别在中华人民共和国和其他国家或地区的快递服务,递送时间以与寄件人所约定的服务时间为准来计算
2	国内异地快递服务	国内异地快递服务是指寄件人和收件人分别在中华人民共和国内不同城市的快递服务,递送时间为3个工作日。根据送达时间具体可分为"次晨达""次日达""隔日达"3种国内限时快递业务
3	同城快递服务	同城快递,就是在同一个城市内发快递。这里的同城概念的服务范围较之以往的同城概念扩大了,它以中心局所辖各市县为范围,在此范围内的邮件均称为同城快递邮件,超出了一县、一市、一地区的概念

任务准备5:认识快递业相关岗位的工作内容

快递业相关岗位工作内容如表1-2所示。

表1-2 快递业相关岗位工作内容

快递业相关岗位	工 作 内 容
快递员	(1)安全、准时收送快件,及时把快件送到客户处,及时返回货款; (2)执行业务操作流程,准时送达快件,指导客户填写相关资料,并及时取回;检查发送货件是否有错,及时反馈; (3)检查资料是否有差错并整理相关资料,及时呈递相关业务资料; (4)客户的维护、客户咨询的处理和意见反馈; (5)突发事件的处理,如客户货件的遗失和损坏等
客服人员	(1)受理客户的咨询、下单、货件查询及投诉; (2)受理客户特殊指令,跟进货物状态; (3)协助销售跟进大客户
司机	(1)负责车辆的日常清洁、维护和保养; (2)完成日常的送货工作
分拣员	(1)根据订单要求完成拣货任务; (2)做好设施设备维护与卫生工作
仓管员	负责货物入库、在库和出库的相关管理
信息员	(1)负责仓库出入库操作(计算机系统操作); (2)负责提单审核工作

步骤1：熟悉快递业的发展历程

学生以个人为单位，利用互联网等渠道查找资料，思考古代快递和现代快递有什么区别，并完成表1-3的填写。

表1-3 古代快递和现代快递的比较

项　目	古 代 快 递	现 代 快 递
种类	镖局	
服务对象	朝廷和官府	
递送物品	传递文书、接待使客、转运物资	
承载工具	飞鸽、马和人力	
效率	低	

步骤2：熟悉快递业相关岗位及职责

请大家在了解了快递业相关岗位的工作内容后，自行查找资料，熟悉快递业主要岗位的岗位职责，并完成表1-4的填写。

表1-4 快递业主要岗位的岗位职责

主 要 岗 位	岗 位 职 责
快递员	
客服人员	
司机	
分拣员	
仓管员	
信息员	

步骤3：任务分享

每班抽取10名同学进行任务结果分享。

在完成上述任务后，教师组织进行三方评价，并对任务实施过程进行点评，指出各组在任务实施过程中的亮点和缺点。学生完成表1-5的填写。

表1-5 任务评价表

姓　　名		学　　号				
任务名称			认识快递服务			
考核内容		评价标准	参考分值	考核得分		
				自评	互评（平均）	教师评
职业素养	1	完成任务时认真负责	5			
	2	具有良好的沟通交流能力	5			
	3	具有良好的专业行为规范	5			
知识素养	1	熟悉快递业的概况	15			
	2	了解快递业的特点	20			
	3	熟悉快递相关岗位的工作内容	20			
职业技能	1	能按照任务要求上网查找或调研所需资料	10			
	2	能对查找到的资料进行简单归纳和提炼	10			
	3	能够清晰、准确地与他人分享所查找到的资料	10			
		小　　计	100			
合计＝自评20%＋互评30%＋教师评50%			组长签字			

某客户要求快递公司上门来取四件单独包装的物品，量得这四件物品的长、宽、高分别是 175 cm、30 cm、50 cm，120 cm、38 cm、70 cm，156 cm、110 cm、120 cm，150 cm、89 cm、89 cm，根据相关规定，以上哪些物品的尺寸不符合快件规格要求？请说明理由。

京东：炫酷的无人配送体验

京东近年来在大力发展物流业务，也就是说，京东物流除了会承接京东平台的大量订单，还将为第三方商家提供仓储配送服务。未来几年，京东的销售额可能还无法和天猫抗衡，但京东的目标是要将"双十一"物流的服务体验做到极致。

京东的全流程无人仓、无人配送货车和智慧供应链等新技术都已在2018年"双十一"首次运用，再加上京东的全国智慧物流网络，2018年的"双十一"，京东可谓是受人瞩目。

2018年5月24日，京东公布了无人仓的世界级标准，40 000 m² 的仓库内各种机器人多达上千台,单日分拣能力可达20万单,智能设备使用密度之高世所罕见。京东无人仓如图1-2所示。

图1-2 京东无人仓

任务二 国内快递业务

学生以小组为单位,通过书籍或互联网,调查研究国内十大快递企业的发展情况,以及国内快递企业存在的问题,并且把调查资料做成PPT,每组派一名代表上台进行分享。

本任务学习资料

任务准备1:认识国内快递业务

《快递服务》(GB/T27917—2011)中对国内快递业务的定义:国内快递是指寄件人与收件人在中华人民共和国境内的快递服务。寄件的过程必须遵守国内物流行业规定。

任务准备 2：了解国内快递业务的分类

国内快递业务的种类很多，各种业务都有不同的叫法，主要按以下条件划分为不同种类，如表 1-6 所示。

表 1-6　国内快递业务的分类

分类标准	分类	描述
按内件性质划分	信件类快递	内件符合收寄规定的各种手写资料、印刷文件等
	包裹类快递	内件符合收寄规定的各种馈赠品、商业货样等商品类快件
按寄达范围划分	异地快递服务	寄件人和收件人分别在国内不同城市或不同区域之间的快递服务
	同城快递服务	寄件人和收件人在国内同一城市的快递服务
按服务时限划分	标准服务快递	快递服务组织从收寄件开始，到第一次投递的时间间隔应该符合快递服务体系的标准时限要求
	承诺服务时限快递	在快递企业承诺的时间内到达，分别有当天到达、次日到达和隔日到达
	特殊要求时限快递	在服务时限承诺标准以外，客户提出个性化寄递要求
按赔偿责任划分	保价快递	客户在寄递快件时，除交纳运费外，还按照声明价值的一定费率交纳保价费
	保险快递	客户在寄递快件时，除交纳运费外，还按快递企业指定的保险公司承诺的保险费率交纳保险费
	普通快递	客户只交纳快件运费而不进行额外保价或保险
按付费方式划分	寄件人付费快递	寄件人在寄递快件时交纳快递资费
	收件人付费快递	收件人在收到快件时再支付快递资费
	第三方付费快递	在收件人收到快件时，由第三方支付快递资费
按结算方式划分	现结快递	快递员在快件寄收或派送现场向寄件人或收件人以现金或支票方式收取快件资费
	记账快递	由客户在约定的付款时间或周期内向快递公司拨付资费

任务准备 3：了解国内快递业务流程

所谓国内快递业务流程，是指在快件传递过程中逐渐形成的一种相对固定的运行及操作的顺序与环节。国内快递业务流程如表 1-7 所示。

表 1-7　国内快递业务流程

流程	说明
接单	客户可通过拨打快递企业客服电话申请寄件，也可通过快递企业网站的"在线下单"功能或智能手机的快递客户端系统发起寄件申请，接单员确认并记录寄件客户和快件的基本信息
下单	接单员响应寄件申请后，通过公司下单系统将收件信息发给当前该区域的收件员，通知收件员上门收取快件
收件	收件员根据收到的下单信息，在响应时间内赶往客户处揽收快件。如果快递企业在该区域有固定的收件网点，也可以建议客户自行去网点交寄快件，以便得到价格优惠

续表

流　程	说　明
快件入仓	收件员收完当班快件后，将所有的快件送回分部（点部），同仓管员交接快件和单据，仓管员对快件进行分拣，并根据中转班次进行发件操作
始发地分拨	分部将快件运至始发地中转场，根据快件的派送区域进行分拨操作
转运	根据分拨后的快件路由，选用最佳的运输方式，将快件运送到目的地区域
目的地分拨	快件到达目的地区域后，须根据快件的详细派送地址再次进行分拨，并将其运输至派件分部
快件出仓	派件分部（点部）仓管员根据快件派送地址，将快件分派给当前该区域的派件员
派件	派件员领取快件并及时送达客户处

小贴士

快件路由

快件路由是指快件由起始地到目的地的运行轨迹。快递的实时路由动态都能够通过物流信息系统和全球卫星定位系统的实时跟踪和信息录入来实现。

任务准备4：认识我国快递服务的发展历程

➤ 起步阶段——20世纪70年代末至90年代初

1978年我国实行改革开放，推行外向型经济发展模式，国际贸易迅猛发展，贸易双方都需要快速传递与贸易有关的文件。1980年6月我国批准中国对外贸易运输总公司与日本海外新闻普及株式会社（OCS）签订国际货物运输代理协议，由中国对外贸易运输总公司代理OCS公司开展将日本报刊、商业函件递送给日本驻华机构和企业的服务业务。日本OCS公司是进入我国的第一家国际快递企业。

1980年，中国邮政开办了国际特快专递业务，开大陆快递业之先河，并于1984年开办了国内特快专递业务，1985年成立中国速递服务公司(EMS)，专营国内国际快递业务。

➤ 成长阶段——20世纪90年代初至21世纪初

中国快递业真正的发展是在20世纪90年代，民营快递企业开始发展，1993年顺丰速运和申通快递分别在珠三角和长三角成立，1994年，宅急送在北京成立，民营快递公司成为我国快递业的重要组成部分。与此同时，国有企业也纷纷加入快递业，成立快递公司，如民航、中铁成立了民航快递、中铁快运。进入21世纪以来，四大外资快递巨头即德国数豪公司（DHL）、美国联邦快递公司（FedEx）、美国联合包裹速递公司（UPS）和荷兰天地快运公司（TNT）也纷纷以合资的方式抢占中国快递市场，在我国快递市场占据越来越大的份额。我国快递市场已形成经营主体多元化的格局。

➤ 快速发展阶段——21世纪初至今

进入21世纪，我国经济呈现两位数的增长速度，对外贸易年进出口额超过1000亿美元，国外直接投资额每年达 600 亿美元以上,有力推动了快递业的快速发展,快递业务量以每年 30% 的速度增长。2005 年我国开放物流与快递市场,快递市场竞争更加激烈。为此,国有企业加大发展力度,配备先进设备,注重网络建设,力争占据快递市场主导地位;民营企业网络快速扩张,市场份额不断扩大,经营逐步走上正轨,出现了民族品牌的佼佼者,如顺丰速运、申通快递等快递企业;国际企业逐步摆脱合资模式,成立独资企业,凭借品牌影响力和先进的管理经验及运营模式向国内快递市场渗透,提高市场占有率。

步骤1:调研国内十大快递企业的发展情况

学生以组为单位利用互联网搜索或查阅相关书籍,了解国内十大快递企业,了解这些企业的基本情况,并完成表 1-8 的填写。

表 1-8 国内快递企业发展调查表

排　名	企业名称	发　展　现　状
1		
2		
3		
4		
5		
6		
7		
8		
9		
10		

步骤2:研究中国快递企业存在的问题

随着电子商务的发展,中国快递业也正蓬勃发展。然而,由于起步较晚,所以中国的快递业仍然是一个朝阳行业,行业整体和快递企业的运营都仍处于较低水平。请从中国十大快递企业中选取五个企业,说一说这几个企业的问题所在,并且完成表 1-9 的填写。

表 1-9 国内快递企业问题调查表

序　号	企业名称	存 在 问 题

步骤 3：整理和分享

以小组为单位，整理以上内容，并且制作 PPT，每组派 1~2 名同学上台进行展示，并说一说完成任务后的感想。

在完成上述任务后，教师组织进行三方评价，并对任务实施过程进行点评，指出各组在任务实施过程中的亮点和缺点。学生完成表 1-10 的填写。

表 1-10 任务评价表

组　别		组　员				
任务名称		认识国内快递业务				
考核内容		评价标准	参考分值	考核得分		
				自评	互评（平均）	教师评
职业素养	1	具有良好的沟通交流能力	5			
	2	具有良好的团队合作精神	5			
	3	具有良好的专业行为规范	5			
知识素养	1	掌握国内快递业务的含义	15			
	2	了解国内快递的分类	10			
	3	理解国内快递业务的运作流程	10			
	4	了解国内快递服务的发展历程	10			
职业技能	1	能按照任务要求上网查找或调研所需资料	10			
	2	能对查找到的资料进行简单归纳和提炼	15			
	3	能够熟练地制作 PPT	15			
		小　计	100			
合计 = 自评 20%+ 互评 30%+ 教师评 50%			组长签字			

请为以下快递业务选择合适的快递业务种类。

业务一：小王在天猫网上花100元购买了一条牛仔裤，天猫卖家（和小王的所在地不在同一省份）应选择哪种快递进行寄递？小王多久能收到牛仔裤？

业务二：小张要将一份重要文件寄给客户，要求越快越好，小张应选择哪种快递进行寄递？

业务三：小红要将一台笔记本电脑寄给外省的好朋友，小红应选择哪种快递进行寄递？

业务四：淘宝上某笔记本电脑经销商在网上销售最高配置的笔记本电脑。由于笔记本电脑价格较高，买家付款时都很谨慎和犹豫，因此一直达不到预期销量。请推荐一种快递增值服务，能让买家付款时消除疑虑，帮助该经销商提高该款笔记本电脑的销量。

业务五：每年7月，某高校招生办的周主任都要为给录取的学生寄录取通知书而烦恼，不仅要填写运单，还要垫付不菲的快递费。请你为周主任提供一种快递服务，使他不用再垫付快递费。

业务六：某外商和江西南昌某企业洽谈合作项目，在外商已离开南昌去往北京，并准备当天晚上8点从首都机场搭乘飞机回国时，却发现未携带某重要货样。为了保证项目能顺利推进，该企业必须在飞机起飞前，把货样送到首都机场。请为该企业选择合适的快递业务。

国内快递禁止寄递的物品

国家邮政局2012年2月28日称，快递企业对交寄的物品必须全部检查，用户拒绝开拆验视的不予收寄，对于落实不到位的企业可责令停业或吊销经营许可证。因此，当客户寄递物品时，快递员会验视客户的物品，有些物品会被限制寄递的重量，有些物品会被限制寄递的数量，有些物品不能寄递。到底哪些物品是限制寄递的呢？哪些物品是禁止寄递的呢？

禁止寄递物品指导目录

一、枪支（含仿制品、主要零部件）弹药

1. 枪支（含仿制品、主要零部件）：如手枪、步枪、冲锋枪、防暴枪、气枪、猎枪、运动枪、麻醉注射枪、钢珠枪、催泪枪等。

2. 弹药（含仿制品）：如子弹、炸弹、手榴弹、火箭弹、照明弹、燃烧弹、烟幕（雾）弹、信号弹、催泪弹、毒气弹、地雷、手雷、炮弹、火药等。

二、管制器具

1. 管制刀具：如匕首、三棱刮刀、带有自锁装置的弹簧刀（跳刀），其他相类似的单刃、双刃、三棱尖刀等。

2. 其他：如弩、催泪器、催泪枪、电击器等。

三、爆炸物品

1. 爆破器材：如炸药、雷管、导火索、导爆索、爆破剂等。

2. 烟花爆竹：如烟花、鞭炮、摔炮、拉炮、砸炮、彩药弹等烟花爆竹及黑火药、烟火药、发令纸、引火线等。

3. 其他：如推进剂、发射药、硝化棉、电点火头等。

四、压缩和液化气体及其容器

1. 易燃气体：如氢气、甲烷、乙烷、丁烷、天然气、液化石油气、乙烯、丙烯、乙炔、打火机等。

2. 有毒气体：如一氧化碳、一氧化氮、氯气等。

3. 易爆或者窒息、助燃气体：如压缩氧气、氮气、氦气、氖气、气雾剂等。

五、易燃液体

如汽油、柴油、煤油、桐油、丙酮、乙醚、油漆、生漆、苯、酒精、松香油等。

六、易燃固体、自燃物质、遇水易燃物质

1. 易燃固体：如红磷、硫黄、铝粉、闪光粉、固体酒精、火柴、活性炭等。

2. 自燃物质：如黄磷、白磷、硝化纤维（含胶片）、钛粉等。

3. 遇水易燃物质：如金属钠、钾、锂、锌粉、镁粉、碳化钙（电石）、氰化钠、氰化钾等。

七、氧化剂和过氧化物

如高锰酸盐、高氯酸盐、氧化氢、过氧化钠、过氧化钾、过氧化铅、氯酸盐、溴酸盐、硝酸盐、过氧化氢等。

八、毒性物质

如砷、砒霜、汞化物、铊化物、氰化物、硒粉、苯酚、汞、剧毒农药等。

九、生化制品，传染性、感染性物质

如病菌、炭疽、寄生虫、排泄物、医疗废弃物、尸骨、动物器官、肢体、未经硝制的兽皮、未经药制的兽骨等。

十、放射性物质

如铀、钴、镭、钚等。

十一、腐蚀性物质

如硫酸、硝酸、盐酸、蓄电池、氢氧化钠、氢氧化钾等。

十二、毒品及吸毒工具、非正当用途的麻醉药品和精神药品、非正当用途的易制毒化学品

1. 毒品、麻醉药品和精神药品：如鸦片（包括罂粟壳、花、苞、叶）、吗啡、海洛因、

可卡因、大麻、甲基苯丙胺（冰毒）、氯胺酮、甲卡西酮、苯丙胺、安钠咖等。

2．易制毒化学品：如胡椒醛、黄樟素、黄樟油、麻黄素、伪麻黄素、羟亚胺、邻酮、苯乙酸、溴代苯丙酮、乙酸酐、甲苯、丙酮等。

3．吸毒工具：如冰壶等。

十三、非法出版物、印刷品、音像制品等宣传品

如含有反动、煽动民族仇恨、破坏国家统一、破坏社会稳定、宣扬邪教、宗教极端思想、淫秽等内容的图书、刊物、图片、照片、音像制品等。

十四、间谍专用器材

如暗藏式窃听器材、窃照器材、突发式收发报机、一次性密码本、密写工具、用于获取情报的电子监听和截收器材等。

十五、非法伪造物品

如伪造或者变造的货币、证件、公章等。

十六、侵犯知识产权和假冒伪劣物品

1．侵犯知识产权：如侵犯专利权、商标权、著作权的图书、音像制品等。

2．假冒伪劣：如假冒伪劣的食品、药品、儿童用品、电子产品、化妆品、纺织品等。

十七、濒危野生动物及其制品

如象牙、虎骨、犀牛角及其制品等。

十八、禁止进出境物品

如有碍人畜健康的、来自疫区的以及其他能传播疾病的食品、药品或者其他物品；内容涉及国家秘密的文件、资料及其他物品。

十九、其他物品

《危险化学品目录》《民用爆炸物品品名表》《易制爆危险化学品名录》《易制毒化学品的分类和品种目录》《中华人民共和国禁止进出境物品表》载明的物品和《人间传染的病原微生物名录》载明的第一、二类病原微生物等，以及法律、行政法规、国务院和国务院有关部门规定禁止寄递的其他物品。

任务三　国际快递业务

学生以小组为单位，通过互联网搜索或实地调研国际特快专递邮件业务、调研中国速递国际快件业务，搜集一手资料，并进行业务优势分析，最后每组派一名代表上台进行分享。

本任务学习资料

任务准备1：认识国际快递业务

《快递服务》（GB/T27917—2011）中对国际快递业务的定义：国际快递业务是指寄件地和收件地分别在中华人民共和国境内和其他国家或地区（中国香港特别行政区、中国澳门特别行政区、中国台湾地区除外）的快递服务，以及其他国家或地区间用户相互寄递但通过中国境内经传的快递服务。

> **小贴士**
>
> **EMS国际快递派送**
>
> 依托中国邮政航空有限责任公司陆路运输网络和以上海为集散中心的全夜航航空集散网，现有专用速递揽收、投递车辆20 000余部。覆盖广泛的网络体系为EMS实现国内300多个城市间次晨达、次日递提供了有力的支撑，同时满足了国际快递高效派送的需求。EMS具有高效发达的邮件处理中心。全国共有200多个处理中心，各处理中心配备了先进的自动分拣设备。亚洲地区规模最大、技术装备先进的中国邮政航空速递物流集散中心在2008年投入使用。有力保证了EMS国际快递的"便捷、及时、安全、准确"。

任务准备2：分析国际快递业务的特点

国际快递业务由于涉及不同国家和地区，相比国内快递业务更加复杂，具有以下特点：

➤ **业务流程更加复杂，影响因素多**

国际快递业务既包含了国内快递业务的操作环节，又因为快件需要跨境流转，必须办理进出口报关手续。

国际快递涉及面广，情况复杂多变，需要与不同国家和地区的货主、交通运输部门、商检机构、保险公司、银行或其他金融机构、海关、港口以及各种中间代理商等打交道。同时，由于各个国家和地区的法律、政策规定不一，贸易、运输习惯和经营做法不同，金融货币制度的差异，加之政治、经济和自然条件的变化，都会对国际快递运输产生较大的影响。

> **交付速度更快**

国际快递自诞生之日起就强调快速的服务，速度又被称为整个行业的生存之本。一般洲际快件运送在 1～5 天内完成，地区内部只需 1～3 天。这样的交付速度无论是传统的航空货运业还是邮政运输都是很难达到的。

> **过程更加安全可靠**

国际快件的运送自始至终是在同一公司内部完成的，各分公司操作规程相同，服务标准也基本相同，而且同一公司内部信息交流更加方便，对客户的高价值、易破损货物的保护也会更加妥帖，所以运输的安全性和可靠性也更好。

> **"门到门"，服务更方便**

国际快递不只涉及航空运输这一种运输形式，还要通过其他运输方式进行末端派送，属于陆空联运。通过将服务由机场延伸至客户的仓库和办公桌，并对一般快件代为清关，真正实现了门到门服务，方便了客户。

> **统一信息网络，即时信息反馈**

针对不断发展的电子网络技术采用了 EDI（电子数据交换）系统，为客户提供了更为便捷的网上服务，快递公司特有的全球性计算机跟踪查询系统可为客户提供及时查询服务。

任务准备 3：认识国际快递邮件分类标准

国际快递邮件分类标准如表 1-11 所示。

表 1-11　国际快递邮件分类标准

序号	分类标准	内容
1	一类国际快递邮件	此类邮件包括邀请函、通知书、账单、财务报表、贺卡、信件、明信片、汇款单、照片、磁带、磁盘、打字材料和打印材料等
2	二类国际快递邮件	此类邮件包括每年至少发行四次的报纸、杂志
3	三类国际快递邮件	此类邮件包括通知、目录、传单、小册子、通知函及其他印刷材料
4	四类国际快递邮件	此类邮件包括书籍、目录、手稿、磁带和录像带等

任务准备 4：了解国际快递邮寄要求

国际快递邮寄要求如表 1-12 所示。

表 1-12　国际快递邮寄要求

序号	国际快递邮件分类	要求
1	一类国际快递邮件	此类邮件属于保密快件，客户封口，快递公司不能检查，比其他类国际快递邮件速度快，快递费用较高

续表

序　号	国际快递邮件分类	要　求
2	二类国际快递邮件	此类邮件快递时要有许可证，除出版商、寄件者可以邮寄完整的出版物单行本之外。出版物应清楚地打上"第二类"标记
3	三类国际快递邮件	此类邮件也被称为"广告邮件"。这类邮件的重量不得超出 450 g，这类邮件既可以是单件的也可以是大批的，而且一般不封口，以便于进行邮政检查
4	四类国际快递邮件	此类邮件主要用于寄送重量为 450 g 或超过 450 g 的包裹。比如，广告邮件超过 450 g，可以归入第四类国际快递邮件即包裹邮件
注意：任何四类国际快递邮件都可按包裹邮件邮寄，但重量必须在 7.2 ～ 720 kg 之间		

任务准备 5：国际快递与国内快递的比较

国际快递与国内快递的比较如表 1-13 所示。

表 1-13　国际快递与国内快递的比较

比较内容	国内快递	国际快递
运输方式	申通、圆通、百世、中通、韵达、宅急送等	EMS、TNT、DHL、UPS、FedEx、SF、HongKong Post、China Post
产品包装信息	不用填写	需要填写产品包装后的体积和重量，用以正确计算运费
快递运费计算方法	一般按照"件"计算	根据产品的包装体积、重量、买家所在地和采购量按照不同物流公司的不同运费标准和运费计算公式计算
快递运费	一般为 3 ～ 15 元，10 元最普遍	快递费用差异大，比国内快递要高
货运时间	周期短	周期稍长
货物跟踪信息	卖家发货后，要填写有效发货通知和货运跟踪号，以方便货物跟踪和放款	

步骤 1：调研国际特快专递邮件业务并分析 EMS 优势

学生以组为单位利用互联网搜索或就近实地调研中国邮政国际特快专递业务（EMS），开展业务优势分析，填写业务分析表，如表 1-14 所示，并形成小组调研报告。

表 1-14　EMS 业务优势分析表

分析要素	业务优势
快递计费业务	
邮件处理中心业务	
通关业务	
体积、重量要求	

续表

分析要素	业务优势
目的地范围	
有无燃油附加费及偏远附加费	
信息处理业务	

步骤2：调研中国速递国际快件业务

中国速递国际快件（以下简称中速快件）是中国邮政 EMS 与荷兰 TNT 邮政集团合作办理的一项国际快件业务。中速快件可通达200多个国家和地区，并在快件的重量和规格限制方面有较大的灵活性。中速快件业务自2000年1月1日起已在全国范围内正式开办。中速快件优化了中国邮政国际特快专递业务的全球网络，现已成为邮政 EMS 国际业务的有力补充。中速快件可分为全球快递、经济快递和重件快递等。

学生以组为单位利用互联网搜索或就近实地调研中国邮政速递物流业务（China International Express），开展业务优势分析，填写业务优势分析表，如表1-15所示，并形成小组调研报告。

表1-15　中速快件业务优势分析表

业务类型	分析要素	业务优势
全球快递	服务范围	
	尺寸/重量要求	
	运输方式	
经济快递	服务范围	
	尺寸/重量要求	
	运输方式	
重件快递	服务范围	
	尺寸/重量要求	
	运输方式	

步骤3：各组派代表上台进行分享

每组各派一名代表上台将本组上网查找或实地调研的资料进行分享。

在完成上述任务后，教师组织进行三方评价，并对任务实施过程进行点评，指出各组在任务实施过程中的亮点和缺点。学生完成表1-16的填写。

表 1-16　任务评价表

组　别			组　员			
任务名称			认识国际快递业务			
考核内容		评价标准	参考分值	考核得分		
				自评	互评（平均）	教师评
职业素养	1	具有良好的沟通交流能力	5			
	2	具有良好的团队合作精神	5			
	3	具有良好的专业行为规范	5			
知识素养	1	掌握国际快递业务的含义	15			
	2	了解国际快递业务的特点	10			
	3	了解国际快递邮件分类标准	10			
	4	了解国际快递邮寄要求	10			
职业技能	1	能按照任务要求上网查找或调研所需资料	10			
	2	能对查找到的资料进行简单归纳和提炼	10			
	3	能够清晰准确地与他人分享所查找到的资料	20			
		小　计	100			
合计 = 自评 20%+ 互评 30%+ 教师评 50%			组长签字			

某项目组的王先生在泉州，现需要给澳大利亚的买家寄送物品，买家希望能够以较低廉的运费在一周内收到货物。订单货物为一个木雕首饰盒，物品价值不高。请项目组成员讨论需要用何种运输方式及什么样的具体方法才能在最短时间内将货物以相对便宜的价格安全地寄达，并预计一下大概需要花费多少钱、多长时间，以及如何查询是否到达。

锦程国际物流集团私人物品运输方案

近日，锦程国际物流集团（以下简称绵程物流）协助甲级联赛最佳球员顺利完成回国搬家业务。

因私人物品较贵重，且品名杂乱，所以包装是最主要的一个问题。锦程物流根据客户的需求，先组织专业人员上门测量尺寸，对物品进行整理归类，再根据测量结果裁剪并定做专业的纸箱包装盒和木箱框架，还准备了保鲜膜、防潮膜、干燥剂等相关材料，最终按照客户的要求和物品的贵重程度做了专业的打包。打包之后每个箱子会贴上准备好的唛头，与此同时司机会在贴唛完成之前赶到现场，由现场工人根据客户的要求合理地安排装箱和加固，并且派人现场监装，待货物全部装箱完毕后贴封条，返回码头。

业务人员根据装箱明细做好货物分类，整理出标准的箱单和发票。然后由口岸客服经理审单、确认并递交报关行，安排私人物品的专业报关。在整个操作环节中锦程物流都会有专人做全程跟进，根据客户的要求提供一站式服务。由于公司已形成了专业成熟的操作模式，使得订舱、提柜、包装、装箱、资料审核、申报等每一个环节都密切相连，最终不管是客户的成本支出，还是公司的人力、物力都得到了最大的节省，大大提高了工作效率。同时为目的港的清关工作做了良好的铺垫和积极的配合。

货物顺利操作完毕后，委托人对锦程物流优质的服务以及专业完善的物流方案表示非常满意。此次的合作不仅体现了锦程物流的实力，也充分展示了锦程物流的品牌影响力，为进一步做好大客户业务开发积累了更多的信心和宝贵的经验。

项目二
快递业务规范

党的二十大报告提出："坚持安全第一、预防为主，建立大安全大应急框架，完善公共安全体系，推动公共安全治理模式向事前预防转型。"为全面贯彻实施《中华人民共和国邮政法》，提升快递服务水平，国家邮政局制定了《快递业务操作指导规范》。针对快递业务全过程作业的重要环节和关键质量控制点，规定了规范操作的基本要求，旨在指导快递企业科学组织生产管理，解决因快递作业不规范引发的服务质量问题。

项目目标

知识目标	1. 认识快递业务操作规范和派送操作规范 2. 认识客服信息反馈处理操作规范和货款回笼操作规范 3. 认识快递从业人员仪容仪表 4. 了解快递从业人员仪态要求和快递从业人员言谈礼仪 5. 了解快递业务行为规范、特别业务服务规范和严禁的行为 6. 掌握常规业务文明用语
技能目标	1. 熟悉国家邮政总局发布的《快递业务操作指导规范》 2. 领会快递员职业操作规范 3. 灵活运用快递从业人员的礼仪规范 4. 能够根据不同作业场景灵活运用快递业职业礼仪 5. 灵活运用快递从业人员的服务规范 6. 能够根据不同作业场景灵活运用快递业服务礼仪
素质目标	1. 培养学生树立责任担当意识 2. 培养学生精益求精的职业品质 3. 培养学生树立文明礼仪意识 4. 培养学生人际交往、口头表达的能力 5. 培养学生树立文明服务意识

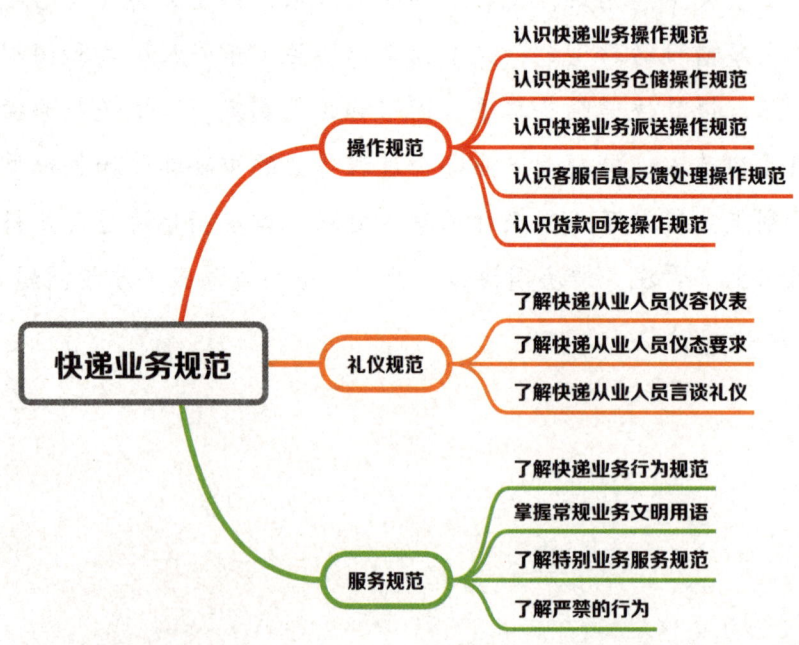

任务一　操作规范

学生以小组为单位,通过互联网搜索或实地调研快递业务操作规范,从仓储、派送、信息反馈和货款回笼等四个方面,通过抽签的形式,每组派一名代表上台进行分享。

本任务学习资料

任务准备1:认识快递业务操作规范

根据国家邮政局制定的《快递业务操作指导规范》,快递公司为规范各部门操作,统一操作标准,提高公司业务质量,结合公司的实际情况,规定了各环节操作及改进的基本要求。

> **小贴士**
>
> **快递业务员**
>
> 快递业务员是使用快递专用工具、设备和应用软件系统,从事国内、国际及港澳台地区的快件揽收、分拣、封发、转运、投送、信息录入、查询以及市场开发和疑难快件处理等工作的人员,简称快递员。按工作时间和工作性质,可以将快递员分为专职快递员和兼职快递员两类。专职快递员就是专门从事快件投递和派送的工作人员,与企业具有劳动关系。兼职快递员则是指在已经有了某一工作或职位的基础上在业余时间从事快递工作的人员。

任务准备2:认识快递业务仓储操作规范

规范的仓储操作,保证了货物进出仓的准确性、货物包装的完整性,有利于减少内部操作失误。

➢ **货物出入公司总仓操作规范**

(1)接到来货通知后,核对单据和货物是否一一对应,若存在差异须通知客服部及时联系上游客户解决。

(2)扫描货物条码入库,建立库存台账,更新财务库存。

(3)订单审核完毕,与客服部核对无误,按派送区域进行堆垛。

（4）将快递运单置于区域上方。

（5）包装成箱，装载上车出库。

（6）当天须将所有确认无误的货物出库，发往快递运单目的地相对应的投递分站点。

> **包装搬运操作规范**

（1）来货为一单一货的，按区域分单并二次包装成集中箱。

（2）来货为散货的，按快递运单分货、理货、核对并包装成单件后，再按区域分单二次包装成集中箱。

（3）二次包装成集中箱时，须仔细核对订单及堆垛货物数量，称重无误后封箱，并将重量记录于发货单上。

（4）根据货物具体情况，选择打纤袋、纸箱或木架等进行包装。

（5）装车标准：须遵循先里后外、按单点货的原则。

（6）卸车标准：须遵循先上后下、先外后里、按单点货的原则。

（7）码货标准：须遵循标签朝外、大不压小、重不压轻、木不压纸、不可倒置等原则，码放要整齐、平稳。

（8）搬货过程中应该轻拿轻放，不准踩货、摔货、摔板、坐货、扔货，不准提物物绑带，严禁使用抛、扔等动作对货物进行装卸或移动，不得有野蛮踩踏、货上坐卧等损坏货物的行为。

注：搬运货物的过程中，如果货物在离开手或工具时，与落地点之间的高度超过30 cm（约三拳宽），或与落地点之间的距离超过60 cm（约一步长）的，视为扔货。

（9）超重超大的货物尽量装在车厢最里面。

（10）装车顺序必须按照偏远路线—跨区域专线—区域内专线—卡车货物—贵重物品的顺序装车。

> **盘点退货操作规范**

（1）应经常对公司总仓、各分站点配送分仓进行盘点，按要求进行循环（每天）盘点、定期（每月8日）盘点和临时（根据实际情况）盘点。

（2）分析盘点差异原因，进行清仓退货管理，仓库设专人负责清仓退货（各分站点配送分仓由仓管员或站点主管负责）。

（3）各分站点配送分仓按派送员投递反馈信息（妥投、再投或拒收）即时更新库存数据。

（4）客服部根据拒收信息下发退货通知至各分站点，各分站点在下发退货通知的次日将货物发出分站点配送分仓，退回公司总仓。

（5）公司总仓将各分站点配送分仓拒收退货汇总，编制退货清点报表交客服部。

（6）公司总仓按每周两次的频率退货；当月拒收货物在次月月底前将全部退回上游客户。

👍 任务准备 3：认识快递业务派送操作规范

（1）依据件量流向，各站点主管合理划分派送区域，配备合适人员投递。

（2）各分站点收到货并按单扫描入库后，每天上午 9 点前出仓分发给相应区域的派件员。

（3）派件员填写"速递派件登记表"，领取订单及货物。

（4）派送前联系客户，如遇电话空号、关机、停机、地址不详、客户外出等异常情况，此单返仓重新入库并反馈信息至客服部处理。

（5）派送中，如遇终端客户由于不满上游客户产品质量、售后服务或上游客户承诺的与下单后投递的物品不符等原因故意压货拒付货款的情况，应现场联系客服部，由客服部联系上游客户沟通处理。

（6）货物派送后，被拒收的必须由终端客户签字确认，并于当天返仓重新入库，拒收货物返仓必须经派件员和站点仓管员（或站点主管）双方签字确认。

（7）派送妥投单，须遵循"不给钱、不给货"的原则，要求终端客户支付足额货款后方可取货。

（8）各分站点派送时效要求：市区 24 小时之内投递；郊区 48 小时之内投递；偏远地区 72 小时之内投递。

（9）站点收到错分区域或终端客户改变投递目的地等非本站点投递区域内的订单，须反馈至客服，经客服转单并审核后将货物发往投递目的地相应的站点。

👍 任务准备 4：认识客服信息反馈处理操作规范

（1）接收上游客户发单信息，核对实际发货数量后，导入物流操作系统，录入快递运单相关信息。

（2）系统自动分仓过程中，目的仓不明确的，按投递地址手工完成分仓。

（3）分仓完毕后，按地址及数量与公司总仓核单，确认无误后下达发货通知。

（4）出仓发单后，客服部全程跟踪订单派送情况，督促派件员及时投递并反馈信息。

（5）对再投、拒收的订单，及时下达退货通知至各分站点，并对再投、拒收订单的终端客户进行电话回访，确认信息准确无误。

（6）对丢货、少货、货物损坏或未按上游客户规定操作等需公司赔偿的情况，客服部应联系上游客户沟通协商赔偿方案。

（7）每天将分站点反馈的派送信息做分类汇总处理，妥投货款金额反馈至财务部。

（8）客服部受理上游客户或终端客户的咨询或投诉后，未能处理的问题须及时汇报上级领导，并将处理结果认真负责地反馈给客户。

任务准备5：认识货款回笼操作规范

（1）派件员妥投后，清点终端客户支付的货款，确认货款金额并辨别货币真伪。

（2）派件员当天代收的货款须填写"站点现金交接表"交给站点主管，由站点主管于次日中午12点前汇入公司账户，并汇总"货款日报表"交财务部。

（3）公司财务部查看物流系统中反馈信息，经客服部确认，核查各分站点每日货款金额，如发现异常情况，须通报运营部并汇报上级领导。

（4）客服部每2～3天与上游客户结算一次费用，经双方签字确认后，将结算单交给财务部打款。

步骤1：解读国家邮政总局发布的《快递业务操作指导规范》

学生以组为单位，利用互联网搜索国家邮政局关于印发《快递业务操作指导规范》的通知，分析汇总后填制《快递业务操作指导规范》汇总表，如表2-1所示。

表2-1 《快递业务操作指导规范》汇总表

分析章节	操作规范
收寄业务	
分拣业务	
运输业务	
信息记录	
快递营业场所设施设备要求	

步骤2：调研快递员职业操作规范

学生以组为单位，利用互联网搜索或就近实地调研顺丰速运快递员职业操作规范，进行操作规范分析，填写业务操作规范分析表，如表2-2所示，并形成小组调研报告。

表2-2 顺丰速运业务操作规范分析表

分析模块	操作规范
仓储模块	
包装要求	
装运操作	
收件业务	
派送业务	
信息反馈处理	

步骤3：各组派代表上台进行分享

每组各派一名代表上台将本组上网查找或实地调研的资料进行分享。

在完成上述任务后，教师组织进行三方评价，并对任务实施过程进行点评，指出各组在任务实施过程中的亮点和缺点。学生完成表2-3的填写。

表2-3 任务评价表

组　别			组　员		
任务名称			快递业务操作规范		
考核内容		评价标准	参考分值	考核得分	
				自　评	互　评（平均）	教师评
职业素养	1	具有良好的沟通交流能力	5			
	2	具有良好的团队合作精神	5			
	3	具有良好的专业行为规范	5			
知识素养	1	掌握快递业务操作规范的内容	15			
	2	了解快递业务操作规范的意义	10			
	3	认识快递业务的仓储操作规范	10			
	4	了解快递业务的派送操作规范	10			
职业技能	1	能按照任务要求上网查找或调研所需资料	10			
	2	能对查找到的资料进行简单归纳和提炼	10			
	3	能够清晰准确地与他人分享所查找到的资料	20			
小　计			100			
合计＝自评20%+互评30%+教师评50%			组　长　签　字			

小王在顺丰速递公司找到一份快递员的工作，第一天上班，就跟随公司的快递员老王去取件。请你用所学知识，写出小王需要了解的知识以及他应该做哪些准备工作。

顺丰速运公司发布2020生鲜水果解决方案

2020年4月21日，顺丰速运公司线上召开"乘丰而起，果香天下"鲜果综合物流解决方案年度发布会。在会上，顺丰速运公司发布了《顺丰速运生鲜水果解决方案》与《2020生鲜包装解决方案》，并与中国果品流通协会、北京中物冷链企业管理有限公司签署合作协议，共同推进顺丰速运公司2020年生鲜寄递战略部署，为生鲜商家提供新鲜、有保障的高品质物流服务。

任务二　礼仪规范

学生以小组为单位，通过互联网搜索或实地调研快递从业人员的仪容仪表、仪态要求和言谈礼仪等三个方面的内容，通过抽签的形式，小组上台演示。

本任务学习资料

👍 任务准备1：认识快递从业人员仪容仪表

仪表，即外表，主要包括人的容貌、姿态、服饰等。仪表之美包括仪表的自然美、修饰美和内在美。一个人的仪表在社会交往的过程中是构成第一印象的主要因素，你的仪容仪表会影响别人对你的专业能力和任职资格的判断。

➤ **女士正式场合着装基本要求**

（1）一定要成套着装。

（2）上装和裙子色调统一。

（3）着套裙一定要配以连裤袜或长筒丝袜。

（4）套裙最好与皮鞋搭配。

（5）着套裙时对衬衣、袜子、鞋子、饰物和皮包的选择，也应注意搭配协调。

（6）女士着装不能太薄，正式场合应着裙装，注意领边、肩头和袖口要平整，保持丝袜完好。

➤ **男士西服着装应遵循"三个三"原则**

（1）三色原则：全身颜色不得超过三种或三个色系。

（2）三一定律：皮鞋、腰带、公文包三处，应统一为一种颜色或色系，黑色最佳。

（3）三大禁忌：① 忌左袖商标未拆掉；

② 忌正式场合穿尼龙袜，或浅色袜子（穿白皮鞋时除外）；

③ 忌领带打法出现错误。

（4）正装西服要求：单色、纯毛、单排扣。

（5）男士着装的基本要求：整洁、雅致、和谐、恰如其分。

> **工作标志服（工装）着装标准**

快递企业员工着标志服基本要求：洁净、整齐、平整、规范。

> **工作妆的基本要求**

（1）自然。

（2）美化：扬长避短。

（3）协调：浓淡适宜。化妆的浓淡要根据时间和场合来选择。化妆以淡妆为宜，突出自然和谐。

（4）化妆时一定要避开众人。

（5）个人清洁卫生基本要求。

① 面部：要注意对面部的清洁和适当的修饰，是为了使自己容光焕发，充满活力与工作激情。男士胡须要刮净，鼻毛应剪短。

② 指甲：要经常修剪和洗刷指甲。不能留长指甲，指甲的长度不能超过手指指尖；要保持指甲的清洁，指甲缝中不能留有污垢。此外，绝对不要涂有色的指甲油或在指甲上画图案。避免在任何公共场合（包括工作环境）修剪指甲。

③ 鼻子：鼻毛不能过长，过长的鼻毛非常有碍观瞻。

④ 体毛：体毛必须修整。腋毛如果露出来，在视觉上既不美观，也不雅观。在社交和公务活动中，不得穿短裤，不得挽起长裤的裤腿。女士在穿裙装时不得穿抽丝的长筒袜和短袜。

👍 任务准备 2：了解快递从业人员仪态要求

> **站姿礼仪**

（1）女士站姿：躯干正直，收腹挺胸，立腰提臀，双肩放松，稍向下压，双腿站直，双膝靠拢，左脚跟紧靠右脚踝部，呈"丁"字形，头正并上顶，双目向前平视，微收下颌，面带微笑；手臂自然下垂，也可双手相握叠放于腹前，在正式场合不应将手插在衣兜里，如图 2-1 所示。

（2）男士站姿：两脚跟要靠拢，呈"V"形，也可两脚平行打开与肩同宽，重心在两脚中间；头要正，双目向前平视，微收下颌；手臂自然下垂，也可双手相握叠放于腹前或背后，如图 2-2 所示。

图 2-1 女士站姿

图 2-2 男士站姿

➢ 坐姿礼仪

（1）女士的坐姿一般有正坐和侧坐两种。

① 正坐：上身端正、挺胸、立腰，双肩平正放松，背部与椅背保持平行或轻靠；两臂自然弯曲放在膝上或椅子的扶手上，双膝自然靠紧，脚尖分开呈"V"形，如图 2-3 所示，或左脚的脚跟靠在右脚的脚踝处，呈"丁"字形，也可将一脚脚尖靠贴在另一脚跟处。入座时动作应轻而缓，同时用手捋顺裙子或裤子的后摆。注意就座时，一般要遵循"左进左出"的原则。

② 侧坐：身体向左或向右转体 45 度，双膝并拢，并随上身转动，左手搭在右手上，放置在左腿或右腿上，如图 2-4 所示。

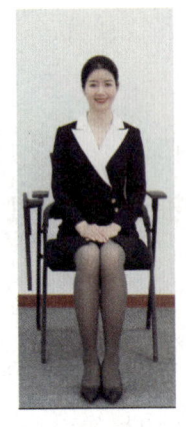
图 2-3 女士正坐坐姿

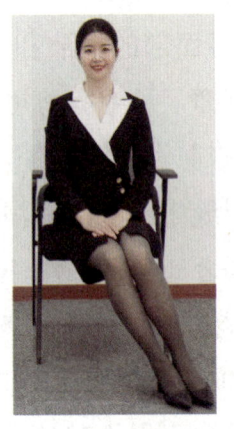
图 2-4 女士侧坐坐姿

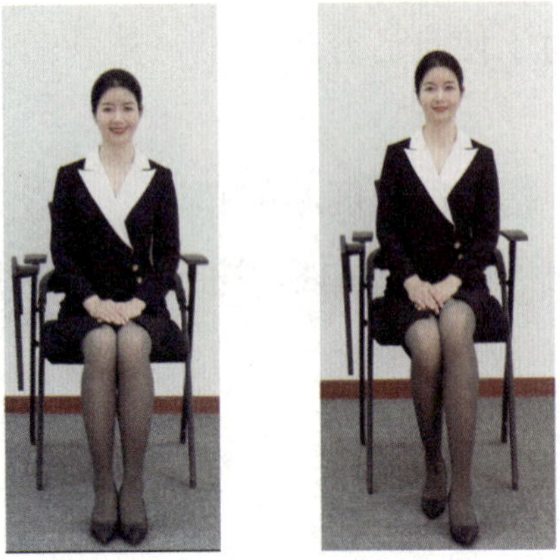

（2）男士坐姿与女士正坐的姿势基本相同，双脚可靠拢，也可左右或前后分开；入座时男士可双手轻提裤线，微微上移膝盖处，这样既可以保持裤线，又显得潇洒；双手自然放置在双膝上，上身挺直坐正，如图 2-5 所示。

➢ 蹲姿礼仪

（1）基本蹲姿：下蹲拾物时，应自然、得体、大方，不可遮遮掩掩；两腿合力支撑身体，避免滑倒；应使头、胸、膝关节在同一个角度上，方显蹲姿优美；女士无论采用哪种蹲姿，都要将双腿靠紧，臀部向下，如图 2-6 所示。

（2）交叉式蹲姿：在实际生活中常常会用到蹲姿，如集体合影前排需要蹲下时，女士可采用交叉式蹲姿，下蹲时左脚在前，右脚在后，左小腿垂直于地面，全脚着地；右膝由后面伸向左侧，右脚跟抬起，脚掌着地；两腿靠紧，合力支撑身体；臀部向下，上身稍前倾，如

图 2-7 所示。

图 2-5　男士坐姿

（3）高低式蹲姿：下蹲时左脚在前，右脚稍在后，两腿靠紧向下蹲；左脚全脚着地，小腿基本垂直于地面，右脚跟提起，脚掌着地；右膝低于左膝，右膝内侧贴靠于左小腿内侧，形成右膝低左膝高的姿态；臀部向下，基本上以左腿支撑身体，如图 2-7 所示。

交叉式蹲姿 　　　高低式蹲姿

图 2-6　基本蹲姿　　　图 2-7　交叉式蹲姿与高低式蹲姿

➢ 引领礼仪

（1）走廊：在客人的左前方引领。

（2）楼梯：上楼梯客人在前，接待人员在后，下楼梯则相反。

（3）电梯：接待员先进后出。

（4）客厅：接待员用手指示客人坐下，并且要请客人坐上座（右侧为上座，门的正对面为上座）；请客人进门，客人坐下，为客人开门，如图 2-8 所示。

图 2-8　引领礼仪

任务准备3：了解快递从业人员言谈礼仪

言谈的基本要求

与人保持适当的距离，恰当礼貌地称呼他人，体现稳重、平易近人、主动热情的基本态度，做到眼到、口到、意到。

基本服务用语

（1）文明礼貌用语（见表2-4）。

表2-4 文明礼貌用语

情 景	标准业务用语
迎客	"欢迎""欢迎光临""您好"
感谢	"谢谢""谢谢您""感谢您的帮助"
听取客户意见	"听明白了""清楚了，请您放心"
不能立即接待客户	"请您稍等""麻烦您等一下，我马上就来"
对在等待的客户	"让您久等了""对不起，让您等候多时了"
打扰或给客户带来麻烦	"对不起""实在对不起，给您添麻烦了"
表示歉意	"很抱歉""实在很抱歉"
客户致谢	"请别客气""不用客气""很高兴为您服务"
客户道歉	"没有什么""不用客气""很高兴为您服务"
听不清客户问话	"对不起，我没听清，请重复一遍好吗？"
当要打断客户的谈话时	"对不起，我可以占用一下你的时间吗？"
送客	"再见，欢迎下次再来"

（2）电话用语。

① 应该在电话铃三声响内拿起电话，接通电话时应先说问候语："您好，欢迎致电×××××客服热线，××××号为您服务，请问有什么可以帮助您？"

② 通话结束时应说："请问您还需要其他帮助吗？"

③ 如果客户没有问题了可以说："感谢您的来电，请挂机，再见！"

④ 请求对方提供电话号码："请提供您的联系电话，以方便我们同您联系。"

⑤ 对方报完所要查询的账号（客户名）时应说："我帮您重复一下，您的账号（客户名）是×××××。"（客服代表应重复核对一次客户的账号，避免出现查询错误的情况）

⑥ 客户进行业务咨询，客服代表查询资料时应说："请您稍等，我帮您查询。暂时会听不到我的声音，请您不要挂机！"（操作：按等待键）

⑦ 客户提出自己不能准确回答的问题，或暂时无相关资料，或不熟悉公司的某些信息时应说（禁止根据自己的猜测回答客户的问题，引起客户反感）："很抱歉，请您稍等一下，我帮您核实。"（注意：不能对客户说不知道或不清楚，要及时间问组长，知道正确答案后及时告诉客户，期间要按等待键）

⑧ 请客户稍等后再次向客户进行解答时可说:"感谢您的耐心等待。您咨询的问题是×××××。"先重复一下客户所提问题,然后做出回答。

⑨ 客户非常着急时应说:"请您不要着急,我会尽快帮您解决。"

⑩ 不能正确领会客户的意图,或因客户自身表达不清(比如有口音)而无法理解时应说:"很抱歉,我不太明白您的意思,请您再重复一遍,好吗?"

(3)服务禁忌用语。

① 你找谁;　　　　　　② 我没工夫;
③ 你哪的;　　　　　　④ 没看我在忙吗;
⑤ 你叫什么;　　　　　⑥ 有完没完;
⑦ 不知道;　　　　　　⑧ 你问我,我问谁;
⑨ 没有;　　　　　　　⑩ 不是告诉你了吗;
⑪ 不管;　　　　　　　⑫ 你懂不懂;
⑬ 不行;　　　　　　　⑭ 这事不该我管;
⑮ 随便;　　　　　　　⑯ 你看着办;
⑰ 你等着吧;　　　　　⑱ 这是领导定的;
⑲ 急什么;　　　　　　⑳ 这事解决不了,我也没有办法。

任务执行

步骤1:汇总归纳快递从业人员的礼仪规范

学生以组为单位,利用互联网搜索或通过课本查询快递从业人员的礼仪规范,分析汇总后填入表2-5。

表2-5　快递从业人员礼仪规范汇总表

场景/模块	操 作 规 范
男士着装基本要求	
女士着装基本要求	
言谈基本要求	
文明礼貌用语	
电话用语	

步骤2:分组演示职业礼仪

3名学生一组,分别演示职业礼仪的站姿、坐姿、蹲姿和引领礼仪,其中一人作为观察员,指出其他人做得不正确的地方。

步骤3:根据下列情景,写出对应的礼貌用语

在表2-6中正确填写礼貌用语。

表 2-6　礼貌用语对应表

情　　景	礼　貌　用　语
向人问好	
自报家门	
问对方身份	
问姓名	
问姓氏	
问电话号码	
需要等待	
结束谈话	
做不到	
没听清楚	

步骤 4：根据案例背景，小组上台演示

陈阿姨最近欲从事工艺品的网上销售，目前为考察负责商品配送的快递公司来到了业务部，想了解并选择合适的快递公司为其配送。作为快递公司的业务人员，请你负责接待这位客户。

任务评价

在完成上述任务后，教师组织进行三方评价，并对任务实施过程进行点评，指出各组任务实施过程中的亮点和缺点。学生完成表 2-7 的填写。

表 2-7　任务评价表

组　别		组　员				
任务名称		快递从业人员礼仪规范				
考核内容		评价标准	参考分值	考核得分		
				自评	互评（平均）	教师评
职业素养	1	具有良好的沟通交流能力	5			
	2	具有良好的团队合作精神	5			
	3	具有良好的专业行为规范	5			
知识素养	1	掌握文明礼貌用语	15			
	2	了解快递从业人员礼仪的意义	10			
	3	认识站姿、坐姿、蹲姿和引领礼仪的要点	10			
	4	了解服务禁忌用语	10			
职业技能	1	演示标准的站姿、坐姿、蹲姿和引领礼仪	10			
	2	能运用文明礼貌用语与客户沟通	10			
	3	能运用职业礼仪接待客户	20			
		小　计	100			
合计 = 自评 20%+ 互评 30%+ 教师评 50%			组长签字			

拓展提升

小王在顺丰速运的客服中心实习,今天接到一位客户的来电,要求查询一份快递。请找一位同学扮演客户,运用所学电话用语的知识,进行情景模拟。

知识加油站

国际商务礼仪小贴士

巴西

在巴西,尽管会议时间常常超出预计的安排,但参会人员也不能早退。在会议结束前离开被认为是无理的举动。请注意那些规模较大、受欢迎的庆祝活动,例如狂欢节(Carnival)或某些大型体育赛事,在这些大型庆祝活动期间几乎一切商业活动都会暂停。巴西人喜欢交际,对这些活动充满热情,以致对他们来说做生意的重要性也要下降一级。在交谈的时候,巴西人彼此间通常站得很近,并喜欢进行身体接触。在巴西,亲密令人产生信任感,而信任感则能带来长期的合作关系。

加拿大

首先要记得准时。加拿大人通常会非常守时,会议的组织也比较有序,会按照时间表的安排进行。在加拿大国内,属于极端阶层的人士并不多,大部分加拿大人都属于本国数量庞大的中产阶级。虽然加拿大政府对医疗保健等社会项目的资助较多,但是企业和政府都依赖于保守的财务措施。

思政小故事

任务三　服务规范

任务展示

学生以小组为单位,利用互联网搜索或者查找课本中涉及的快递业务服务规范知识,按照案例背景的3个场景分角色两两演示快递业务相

本任务学习资料

关行为规范。

任务准备

👍 任务准备1：了解快递业务行为规范

（1）调整心态，不得把个人不良情绪带到工作中，要时刻保持微笑，把公司"活力团队，快乐传承"的理念传递给顾客。

（2）佩戴上岗证，穿工作服上班。着装整洁，不得有明显的油渍、污渍，工作服纽扣要齐全，并要扣好纽扣。

（3）不得留长指甲，指甲长度一般不能超过手指尖。

（4）男士不得留长发，头发以不触到领口，露出耳朵为标准。

（5）不得穿拖鞋，面对顾客时，不得戴口罩、墨镜。

（6）坐姿、站姿要端庄。

（7）与客户交流要保持适当距离。货品要当面核对，对待客户要有耐心，不得催促客户。帮助客户摆放货品时需注意动作幅度。

（8）配送时，车辆应停放在门侧边，不得妨碍客户出入。

（9）在进入客户家中之前要穿上鞋套，保持客户地板的整洁，雨天不得穿雨衣进入客户家中。

（10）碰到客户正忙时，要耐心等待或做一些其他的服务工作。

👍 任务准备2：掌握常规业务文明用语

（1）进入客户家中前，先敲门三声，并礼貌地询问："请问有人吗？"

（2）客户开门后，先向客户问好致意，并热情主动打招呼："您好！我是×××××的派件员。请问这是您订购的××（商品名称）吗？请签收一下。"

（3）客户正忙，没空收货时的礼貌用语："您先忙，我等您。"

（4）用现金结算的时候应唱收唱付，当面清点、收取货款，对客户使用文明用语："您的货品已核对，货款共××元。"收款时的文明用语："收您××元，货款共××元，找您××元。"

（5）现金结算方式的，清点货款无误后提请客户签收确认；在线支付结算方式的，收付款无误后直接提请客户签收确认。核对无误后，请求客户在送货单上签收，签收时的文明用语："您的货已对，款已清，麻烦您在送货单上签字。"

（6）服务完毕后，主动向客户征询意见和建议，了解和掌握客户的需求，做好记录。

（7）客户了解信息时，如确实不知情的应该礼貌回答："我了解后再和您联系。"最后礼貌答谢："谢谢您对我们公司的关心和支持。"

（8）对客户的意见、建议应礼貌答谢："谢谢您对公司工作的关心、支持，我一定向公司领导转达，我们一定改进。"

（9）结束送货前说："感谢您的支持，再见！"

任务准备3：了解特别业务服务规范

（1）第一次派送无人接收时的服务。

派送无人收货时，应及时联系客户，约好第二次送货时间，或送到客户指定的我司方便到达的地方；无法和客户取得联系时，要第一时间与客服主管联系并了解原因，确定联系不上后按公司规定程序处理。

（2）验收商品质量有问题时的服务。

派件当场发现的，属于质量问题的，要帮助客户做好换货登记工作；不是当场发现的，客户反映有质量问题的，要做好详细登记，承诺在24小时内反馈给客户一个满意的处理方案，并将登记报表交回客服部处理。

（3）订单出错时的服务。

联系客服人员，确认订单出错的原因。因为客服人员的失误而出错的，须征求客户意见，是否要退货，客户拒收的，帮助客户退货；因客户主观原因造成出错的，应向客户做好解释工作。客户订单出错时的礼貌用语："对不起，由于××原因订错货了，给您添麻烦了，您还需要这个货吗？如不需要，我帮您办理退换货。"

（4）发现货品价格出错时的服务。

发现货品价格出错时应该说"对不起，给您添麻烦了。我马上联系客服人员给您核实一下。"确认价格出错的原因，因为客服人员的失误而出错的，须征求客户意见，是否要退货，如收货，则按实际金额结算，并做记录，客户拒收的，帮助客户退货；因客户主观原因造成出错的，应向客户做好解释工作。

（5）派发促销宣传单时的礼貌用语："您好。这是我们最新的优惠促销活动，您感兴趣可以看看。"

任务准备4：了解严禁的行为

（1）严禁截留客户的货品或货款。

（2）严禁上班期间穿拖鞋。

（3）严禁工作期间饮酒。

（4）严禁参与黄、赌、毒等违法活动。

（5）严禁野蛮装、卸（送）货品。

（6）严禁打架斗殴、与客户发生争吵。

（7）严禁接受客户的吃请或其他财物，严禁向客户借钱、借物。

（8）严禁传播影响客户声誉的信息，严禁传播客户个人隐私和公司的商业秘密。

(9) 严禁打击报复，即使客户有过错，并且言行侮辱，都要做到骂不还口，打不还手。

任务执行

步骤 1：解析案例背景

情景 1：上海科技有限公司的方先生通过申通快递有限公司给广州交易会进出口有限公司的刘小姐邮寄了一件智能机器人样品，用于参加 2022 年 12 月 22 日的科技展。展会在上午 9 点半开始，可是到了当天上午 10 点广州交易会进出口有限公司还没有收到样品，负责这件事的刘小姐十分着急，不断地跟申通快递有限公司总部联系询问情况。

情景 2：上海科技有限公司的方先生说很早就寄出了，在两三天前就应该收到了，申通快递有限公司总部说快件两天前就已经到湖州了，建议刘小姐向广东申通物流有限公司广州分公司咨询。

情景 3：广东申通物流有限公司广州分公司说这个快件已经被领走了，签名的就是刘小姐。刘小姐愤怒地要求核对笔迹，并向申通快递有限公司总部和广东申通物流有限公司广州分公司投诉，要求申通快递承担相应的后果。后查明，该快件是由于快递运单上刘小姐的电话号码出错，广东申通物流有限公司广州分公司员工联系不上刘小姐，才冒名签收放在广州分公司了。

分析以上案例背景并填写表 2-8。

表 2-8 案例背景分析表

情 景 序 号	涉及的服务规范
1	
2	
3	

步骤 2：分组演示

6 名学生一组，按照 3 个情景两两演示，分别扮演申通公司的客服人员和收件人刘小姐，并把遇到的问题及解决的办法填入表 2-9。

表 2-9 情景演示记录表

情 景 序 号	遇到的问题	解 决 办 法
1		
2		
3		

步骤 3：各组抽取相应的情景，派代表上台演示

对以上 3 个情景各组进行抽签，派 2 名代表上台演示本组抽中的情景。

任务评价

在完成上述任务后，教师组织进行三方评价，并对任务实施过程进行点评，指出各组在任务实施过程中的亮点和缺点。学生完成表 2-10 的填写。

表 2-10　任务评价表

组　别			组　员			
任务名称			快递业务服务规范			
考核内容		评价标准	参考分值	考核得分		
				自评	互评（平均）	教师评
职业素养	1	具有良好的沟通交流能力	5			
	2	具有良好的团队合作精神	5			
	3	具有良好的专业行为规范	5			
知识素养	1	掌握快递业务服务规范的内容	15			
	2	了解快递业务服务规范的意义	10			
	3	认识快递特别业务服务规范	10			
	4	了解快递常规业务的文明用语	10			
职业技能	1	能归纳分析案例背景的关键要点	10			
	2	能对演示展现的服务规范做出评价	10			
	3	能按照相应的服务规范演示案例情景	20			
小　计			100			
合计 = 自评 20%+ 互评 30%+ 教师评 50%			组长签字			

拓展提升

广州杰森公司的李先生委托某快递公司向德国 BRUKER 公司 Frank 先生寄出 12 箱精密仪器，但 Frank 先生只收到 10 箱。为此，李先生致电该快递公司投诉。请运用所学知识，阐述快递公司的客服人员应该如何受理投诉？

知识加油站

你的快递称重精准吗？

2017 年进入秋冬季时，安全形势严峻。经北京市委市政府同意，自 2017 年 11 月 20 日起，在全市开展为期 40 天的安全隐患大排查、大清理、大整治专项行动。

这次专项行动的范围是全市各地区、各行业领域和各类企业。以城乡接合部为核心，围绕出租公寓、待疏解或正拆除场所、彩钢板建筑、仓储物流中心等重点领域开展清查整治。

快递企业部分网点、仓储用地还在使用彩钢板建筑，在此轮行动中也成了被清理对象。据笔者了解，不少快递企业成立了自查部门，配合政府部门的清理行动，不合格网点一律关停。其中，顺丰、圆通、京东、中通、德邦、安能、百世、速尔、快捷等笔者喜欢的快递企业均受到了此次检查的影响，出现部分门店停业等情况。

笔者在默默叹息的同时，突然发现问题又来了！这个问题就是大家的快递不会既在时效上"晚点"，又在称重上"失误"，甚至还有包裹遗失吧？想到这里，大家是不是都着急了呢？虽然，笔者不能解决快递时效上"晚点"和包裹遗失的问题，但是对于称重"失误"问题的解决，小伙伴们还是可以期待的！

为提升快递业计量管理服务水平，保护消费者合法权益，2017年11月23日，针对快递服务单位称重设施配备不规范、从业人员培训不足、计量诚信意识不强等问题，北京市质监局计量监督处与北京市邮政管理局市场监管处同志共同研讨快递服务行业计量管理工作。

会上，北京市质监局计量处负责同志对计量法律法规相关内容进行告知，并希望北京市邮政管理局加强行业自律，促进行业诚信，对纳入贸易结算的计量器具加强管理，督促各快递企业按时送检计量器具，确保贸易结算计量公平、诚信。北京市邮政管理局市场监管处负责人介绍了北京市邮政管理工作情况，分析了目前快递业发展现状和面临的问题。

针对快递业现状，双方就规范快递业计量管理，促进行业诚信工作进行研讨并达成初步共识。下一步，北京市质监局与北京市邮政管理局将加强合作，加大计量行政执法检查，处罚违法行为，树立诚信计量单位榜样；加强对从业人员的计量法规培训和诚信教育，保证称重数据准确；利用微博、微信等新媒体平台，积极宣传计量法律法规知识，促进快递服务行业健康发展。

思政小故事

习题巩固

项目三

快递收件业务操作

党的二十大报告指出:"加快发展物联网,建设高效顺畅的流通体系,降低物流成本。"快递从业人员在收件过程中,要了解快递公司的经营范围和业务,学会判断所收快件是否属于限寄物品、时效是否在服务范围内;掌握快递收件的全过程,包括接单、收寄、验收、包装及后续处理作业等,能够正确预约取件时间进而能规范完成收件业务。

项目目标

知识目标	1. 了解快递公司的经营范围和业务、快递下单的主要方式 2. 认识做好快件接单作业的前期准备工作 3. 掌握快件收寄形式 4. 了解快件收寄前的准备工作和快件收寄作业流程 5. 了解快件验收的要求和快件包装的原则与标准 6. 认识快件违禁品 7. 掌握快件验收方法、包装工具与材料、包装类型与方法和包装的检查方法 8. 认识快件后续处理作业流程、做件操作 9. 了解快件复查、交单交件操作
技能目标	1. 熟悉快递公司的经营范围 2. 规范完成接单工作 3. 规范完成取件准备工作 4. 正确识读接收客户信息 5. 规范完成上门取件和返回工作 6. 准确判断快件货物的类型 7. 规范使用合适的验收方法、包装工具及包装检查方法 8. 规范完成仓管检查作业 9. 规范完成核对运单、录单、交单交货及上交营业款等工作
素质目标	1. 培养学生树立创新意识 2. 培养学生爱岗敬业的劳模精神 3. 培养学生吃苦耐劳的工匠精神 4. 培养学生踏实严谨的职业品质 5. 培养学生安全意识和环保意识 6. 培养学生的团队精神与合作能力 7. 培养学生求真务实的工作态度

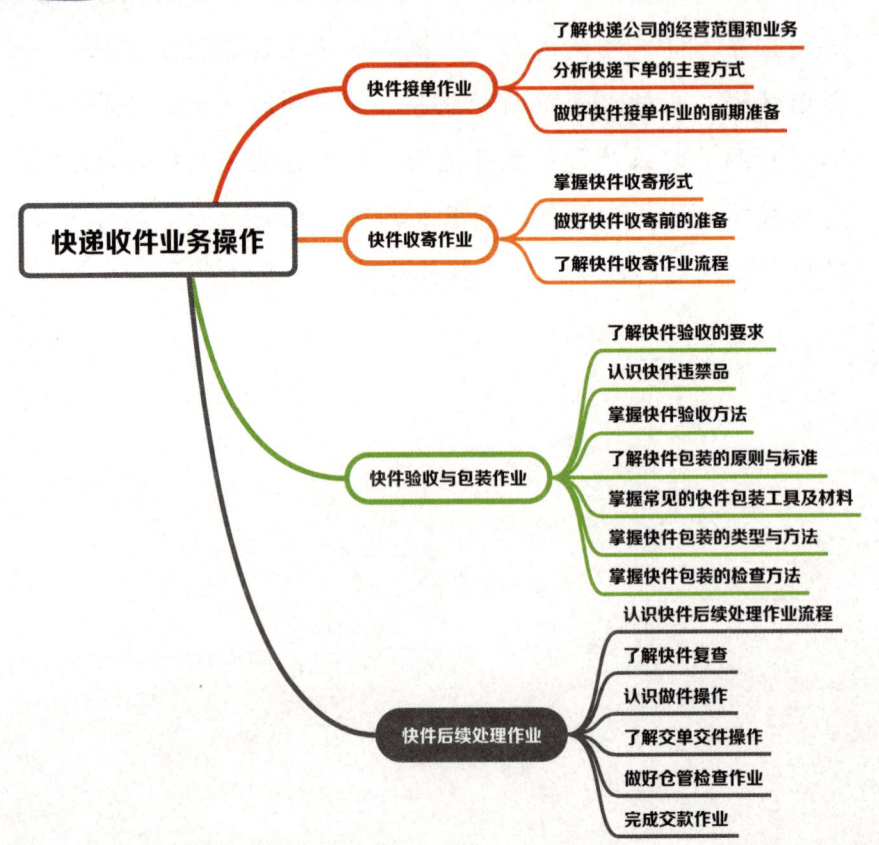

知识图谱

快递收件业务操作

- 快件接单作业
  - 了解快递公司的经营范围和业务
  - 分析快递下单的主要方式
  - 做好快件接单作业的前期准备

- 快件收寄作业
  - 掌握快件收寄形式
  - 做好快件收寄前的准备
  - 了解快件收寄作业流程

- 快件验收与包装作业
  - 了解快件验收的要求
  - 认识快件违禁品
  - 掌握快件验收方法
  - 了解快件包装的原则与标准
  - 掌握常见的快件包装工具及材料
  - 掌握快件包装的类型与方法
  - 掌握快件包装的检查方法

- 快件后续处理作业
  - 认识快件后续处理作业流程
  - 了解快件复查
  - 认识做件操作
  - 了解交单交件操作
  - 做好仓管检查作业
  - 完成交款作业

任务一　快件接单作业

任务展示

学生以小组为单位，模拟顾客下单和快递公司接单作业的过程，最后每组选派代表上台进行快件接单作业的表演及分享。

本任务学习资料

任务准备

任务准备1：了解快递公司的经营范围和业务

一般来说，快递公司的经营范围和业务主要如下：

（1）国内速递、国际速递。

（2）国内快递、物流配送与仓储、电子商务配送、代收货款、签单返回、到付、代取件、区域时效件。

（3）物流配送、快件收派。

（4）寄递业务、普通道路货物运输代理，从事货物及技术的进出口业务。

（5）国内公路零担运输业务。

（6）国内航空快件业务。

（7）速递业务。

（8）国际快递业务。

（9）公路运输、航空货运代理、城际配送等。

任务准备2：分析快递下单的主要方式

快递下单的主要方式如表3-1所示。

表3-1　快递下单的主要方式

序号	下单方式	内容	特点
1	电话下单	通过拨打快递公司的客服电话下单	简单明了，可以实现实时的沟通和信息交流
2	网上下单	登录快递公司的网站进行在线下单	须借助计算机或者手机，浏览公司网页上的详细资料，选择相关业务进行下单。如果对网站不熟悉，则操作较为费时
3	微信下单	通过关注快递企业的微信公众号，在公众号中填写个人信息进行下单	目前较为方便的下单方式，通过手机或者计算机上的微信客户端就能轻松下单

任务准备 3：做好快件接单作业的前期准备工作

快件接单作业的前期准备如表 3-2 所示。

表 3-2　快件接单作业的前期准备

序　号	项　　目	内　　容
1	设计岗位人员	快递员、客服专员
2	软件	网络系统、办公软件、微信端
3	单证、单据	快递单（电子、纸质）
4	工具类	电话、计算机、耳机、笔记本、笔等

任务执行

步骤 1：查询并熟悉快递公司的经营范围

学生以组为单位，以客户电话下单寄件为背景，模拟开展快件接单作业。查询快递公司的经营范围，填写快递公司的主要业务范围和业务优势，如表 3-3 所示。

表 3-3　快递公司的主要业务范围和业务优势

序　号	业 务 范 围	业 务 优 势
1	同城快递	
2		
3		
4		
5		
6		
…		

步骤 2：准备接单

客服专员需在上班时做好接单准备。具体要求如下：

（1）整理个人形象，调整心情，保持声音清脆。

（2）准备好笔记本和笔，随时用于记录客户信息。

（3）打开客服系统，带上接听耳机，准备开始接单。

步骤 3：接单作业进行中

在客户电话下单时，客服专员开始进行电话接单，具体环节及内容如表 3-4 所示。

表 3-4 快递公司接单作业环节及内容

环 节	主 要 内 容	规 范 用 语
接听电话	（1）响铃三声内，客服专员必须接听客户电话； （2）解答要紧扣主题，力求简洁，不要浪费时间	您好！××快递！很高兴为您服务！请问有什么可以帮到您的？
询问目的地和投递物	（1）询问客户快件寄送目的地，判断该地点是否属于公司服务网点； （2）询问物品种类，判定是否为禁寄品； （3）小件类物品可安排相应取件人员收取；大件货物或重货，则需安排车辆收取	请问，……
报价	（1）按照公司收费标准如实报价，绝不乱报价格； （2）耐心解答客户提出的价格异议，向客户介绍现付、到付、月结等付费方式	
记录联系方式	（1）准确快速地记录客户信息（姓名、取件地址、联系电话等）； （2）记录信息后需向客户重复一遍，核对信息是否遗漏或错误	
告知取件时间	（1）提前告知客户取件时间，方便客户做出安排； （2）协调客户调整取件时间	
提交订单	确认订单信息并录入系统，提交审核	
通知收件员	（1）根据下单流程，系统自动分配收件员； （2）如遇收件员不能及时收件，须通知客户，协商取件时间	

小贴士

某快递公司禁止邮寄的部分物品如下：

（1）贵重物品：金砖、银条、现金、铂金等；

（2）古董和工艺品：如珍贵瓷器、精致的玻璃制品等；

（3）医学样品：诊断样品、血样、尿样、人体组织等；

（4）动物、植物及其标本；

（5）难以辨认的白色粉末；

（6）国家法令禁止流通或寄运的物品，如文物、武器、弹药、仿真武器等；

（7）可议付的物品，如信用卡、电话卡、车票、支票、非现金票证、空白的旅行票证等；

（8）易燃易爆、腐蚀性、毒性、强酸碱性和放射性的各种危险品，如火柴、雷管、火药、爆竹、汽油、柴油、煤油、酒精（液体和固体）、硫酸、盐酸、硝酸、有机溶剂、农药等；

（9）各类烈性毒药、麻醉药物和精神物品，如砒霜、鸦片、吗啡、可卡因、海洛因、大麻等；

（10）妨碍公共卫生的物品，如尸骨（包括已焚的尸骨）、未经硝制的兽皮、未经药制的兽骨等。

步骤4：各组派代表上台进行演示及分享

每组各派两名代表上台模拟客户和客服专员电话下单的情景，并与其他组进行分享。

任务评价

在完成上述任务后，教师组织进行三方评价，并对任务实施过程进行点评，指出各组在任务实施过程中的亮点和缺点。学生完成表3-5的填写。

表3-5 任务评价表

组　别			组　员			
任务名称			快件接单作业			
考核内容		评价标准	参考分值	考核得分		
				自评	互评（平均）	教师评
职业素养	1	具有良好的沟通交流能力	5			
	2	具有良好的团队合作精神	5			
	3	具有良好的专业行为规范	5			
知识素养	1	熟悉公司的经营范围	15			
	2	了解公司禁止收寄的违禁品范围	10			
职业技能	1	能准确判断寄件目的地和时效性	10			
	2	能遵循电话礼仪，准确完成下单流程	20			
	3	普通话标准，语言甜美	5			
	4	语言亲切、自然，语速适中	10			
	5	工作认真负责、充满热情	5			
	6	反应灵敏，具有处理现场突发问题的应变能力	10			
小　计			100			
合计 = 自评20%+ 互评30%+ 教师评50%			组长签字			

拓展提升

电话客户服务人员小李是××快递公司的新入职人员，早上他接到一位梁先生打来的寄件电话，但由于梁先生的普通话不标准，带有地方口音，客服小李理解起来有些费劲，不能准确听清客户梁先生的需求，只是隐约能听出梁先生要同城寄出一台相机。如果你是小李，你将如何开展与梁先生的对话，并帮助梁先生完成快件下单呢？

知识加油站

顺丰速运收派员形象规范

仪容要求

发式：头发须勤洗，无头皮屑，且梳理整齐。不染发，男士不宜留长发，长度以前不盖额、侧不掩耳、后不及领为宜。

面容：忌留胡须，养成每天修面剃须的良好习惯。面部保持清洁，眼角不可留有分泌物，如戴眼镜，应保持镜片清洁。保持鼻孔清洁，平视时鼻毛不得露于鼻孔外。

口腔：保持口腔清洁，早、午餐不吃有异味的食品，不饮酒或含有酒精的饮料。

耳部：耳郭、耳根后及耳孔边应每日用毛巾或棉签清洁，不可留有皮屑。

手部：保持手部的清洁，养成勤洗手、勤剪指甲的良好习惯，指甲不得长于指尖1 mm。

体味：要勤换内外衣物，给人清新的感觉。

仪表要求

（1）身着公司统一制服。

（2）佩戴吊牌于胸前。不得佩戴装饰性很强的装饰物、标志和吉祥物。

（3）手腕部除手表外不得有其他装饰物，手指不能佩戴造型奇异的戒指，佩戴数量不超过一枚。

（4）服装要熨烫整齐，不得有污损。

（5）衣服袖口须扣上，衣服要摆正，上衣下摆须束在裤内，系黑色皮带。

（6）穿深黑、深蓝或深灰色袜。

（7）鞋带要系好，保持鞋子干净。

思政小故事

任务二　快件收寄作业

任务展示

小梁是某快递公司的一名快递员,早上他接到总部客服发来的收件信息,通知上午10点前去邱女士的公司收取快件。那么小梁在出发前需要做好哪些准备?如何完成上门取件作业?

学生以小组为单位,根据实际业务情况,上台模拟快递员小梁具体应该如何开展快件收寄作业。

本任务学习资料

任务准备

任务准备1:掌握快件收寄形式

一般来说,快递公司的快件收寄形式主要有以下两种:

(1)上门收寄

上门收寄是指快递员到客户家里或者办公地点收取快件,并询问、验视、封装、填写单据和收取费用的过程。

(2)营业场所收寄

营业场所收寄是指客户到快递公司营业场所寄发快件,由快递服务人员进行询问、验视、封装、填写单据和收取费用的过程。

任务准备2:做好快件收寄前的准备工作

快件收寄前的准备如表3-6所示。

表3-6　快件收寄前的准备

序号	项目	内　容
1	必备作业工具	(1)背包外层干净,包内工具齐全、整洁,摆放有序; (2)手机、PDA扫描枪(手持终端); (3)黑色签字笔、圆珠笔、大头笔、秤、卷尺、美工刀、大小胶袋、透明封箱胶纸、运单贴纸、运单护套、发票、记事本、名片、宣传单等; (4)雨披、编织袋、手推车、胶皮带(捆扎用)等
2	运输工具	检查车辆的动力系统、刹车系统等是否正常,确保交通工具的工作状况良好
3	其他	(1)个人证件:工牌、身份证、驾驶证、行驶证等; (2)着装规范、统一,注意仪容仪表; (3)价格表、零钱等; (4)选择最优取件路线

任务准备 3：了解快件收寄作业流程

快递员取件流程如图 3-1 所示。

```
取件准备
  ↓
接收信息
  ↓
上门取件
  ↓
取件返回
```

图 3-1　快递员取件流程

任务执行

步骤 1：取件准备

小梁接到公司客服发来的收件信息，通知他上午 10 点前到邱女士的公司收件。出发前，小梁需要先检查取件须准备好的工具，请小组成员帮助小梁完成工具检查。检查内容如表 3-7 所示。

表 3-7　取件工具检查

序　号	项　目	检查内容
1	必备作业工具	
2	运输工具	
3	其他	

步骤2：接收信息

接到订单信息后，认真阅读订单信息内容，获取客户信息，进一步做好收件准备。记录客户信息，如图3-2所示。

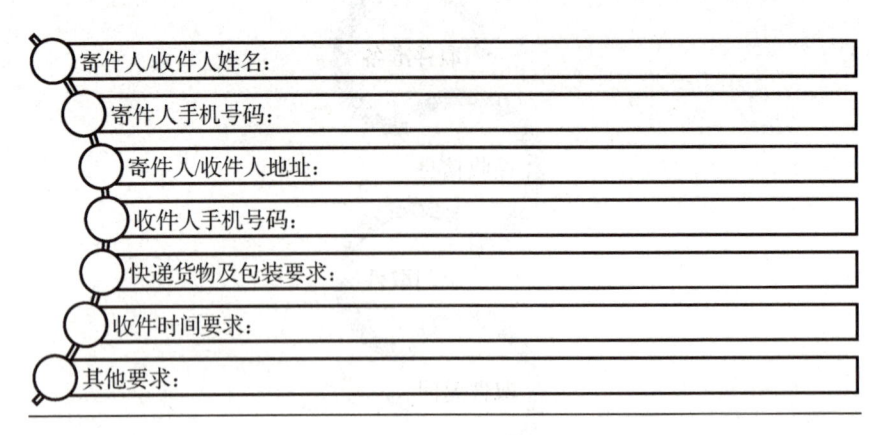

```
○ 寄件人/收件人姓名：
○ 寄件人手机号码：
○ 寄件人/收件人地址：
○ 收件人手机号码：
○ 快递货物及包装要求：
○ 收件时间要求：
○ 其他要求：
```

图3-2　客户信息

收件员在接到下单短信后，应仔细核对短信内容，如发现取件地点不在自己的业务区域内或短信内容有误等，应立即致电接单员；对于新用户应该及时联系并确认其地址，同时根据客户的不同需要携带大小胶袋或纸箱等包装用品；收件员在收到下单短信后应在1小时内到达寄件客户处。

通常情况下，收件员要根据约定时间及路程所需时间确定出发时间，要确保到达时间比约定时间提前5～10分钟，避免因为交通阻塞或对道路不熟悉而迟到。

如果收件员因故迟到或无法按约定时间到达，应在与客户约定的时间前5～10分钟同客户取得联系，加以解释并表示歉意。如果客户拒绝接受服务，收件员要诚恳道歉以取得客户的谅解；如客户主动提出改约，则按照更改后约定的时间提前5～10分钟上门收件。

将要到达收件客户处，提前5分钟与客户联系，采用标准服务用语通知客户："您好！打扰您了，我是××快递公司的收件员，我大约5分钟后到您那儿，一会儿见。"给客户提前打一个电话，让客户更加安心的同时也能给客户时间做好准备。

步骤3：上门取件

收件员按照约定的时间和地址到达客户处取件。到达客户处须妥善放置交通工具，确保交通工具的安全，不得阻碍他人，不得违章停放。妥善放置已经收取的快件，严禁将快件单独放置在无人看管的地方。具体操作要点如下：

（1）进门前整理仪容仪表。由于快件收集过程中的风吹雨淋、日晒出汗、路远奔波等都可能导致收件员仪表出现不整齐的地方，需要收件员整理好自己的仪容仪表，保证衣着从上到下整齐、洁净，体现对客户的尊重。

（2）与客户或接待人员联系。收件员进入客户场所时，应主动出示工牌进行自我介绍，表明来意，待接待人员同意后再进入。针对与客户熟悉程度的不同，可采用不同的自我介绍方式。面对新客户或服务次数低于两次的客户，应面带微笑，目光注视客户，采用标准服务用语，自信、清晰地说："您好，我是××公司的快递员，我是来为您收件的。"反之，如果是面对服务次数超过两次的较为熟悉的客户，则可省略自我介绍，只需做到热情主动地与客户打招呼，并直接说："您好，×先生/女士，我是来为您收件的。"

如需要配合客户公司的要求办理相关出入登记手续，应及时归还客户公司的相关证明，如放行条、临时通行证等。

（3）如需要前往客户办公室取件，无论客户办公室的门是否开着，都应按门铃或敲门向客户请示。若需按门铃，应用食指来按且按铃时间不超过3秒，等待5～10秒后再按第二次；若需敲门，应用食指或中指连续敲门3下，等候5～10秒门未开，可以再敲第二次，敲门时力度应适中，避免将门敲得过响而影响其他人；在等候开门时，应站在距门1米处，待客户同意后方可进入。

> **小贴士**
>
> 等待取件时，快件员应遵循以下原则：
> ① 不得左顾右盼；
> ② 不得在客户处吸烟；
> ③ 在办公场合应保持安静，切勿大声喧哗；
> ④ 未经允许不得翻看客户的资料和私人物品，切勿接听客户的私人电话；
> ⑤ 当等待超过5分钟时，可以礼貌性地提醒一下客户，若实在赶时间，应告知客户待货款或货物准备好后再来取件。

（4）当不能马上收取快件时，要态度谦逊、礼貌地上前询问，并做出调整，切勿用责怪或不耐烦的语气询问，否则只会增加客户的反感而不会对解决问题有任何帮助。

步骤4：取件返回

（1）取件

按照收件的规定，经过检查货物、称重、计费、包装等作业后，即可完成取件作业。在递交物品时，如双方相距过远，应主动走近，同时应为对方留出便于接物的空间。

递送笔、刀、剪刀等物品时，须将笔尖或刀尖朝向自己握在手中，不能直接指向客户，递送文件、名片、资料等物品时，字体应该正对着顾客，让顾客能够看清楚。

（2）与客户道别

面对新客户，收件员应主动宣传公司的服务项目、特点和业务范围等，大致了解客户的需求，并及时递上名片及公司的宣传资料。递名片时，应说"请多关照""请多指教"之类的寒暄语；对方递上名片时，必须双手接收，并认真地看一遍。

面对老客户，应及时询问客户对服务的要求，收集客户的意见或建议，并做好详细记录，能答复的马上答复，不能答复的则需要告知客户会向公司进行反馈。

收件完成后，应主动微笑与客户道别："谢谢您使用××快递的服务，如有需要请随时致电我们，再见。"离开办公室时应把门轻轻带上。辞谢时，眼睛一定要看着客户，即使客户背对着你或低着头，也要让对方能清楚地听到，让客户感觉到你对他的尊重。

任务评价

在完成上述任务后，教师组织进行三方评价，并对任务实施过程进行点评，指出各组在任务实施过程中的亮点和缺点。学生完成表3-8的填写。

表3-8 任务评价表

组 别			组 员			
任务名称			快件收寄作业			
考核内容		评价标准	参考分值	考核得分		
				自 评	互评（平均）	教师评
职业素养	1	具有良好的沟通交流能力	10			
	2	具有良好的团队合作精神	5			
	3	具有良好的专业行为规范	5			
知识素养	1	熟悉上门服务礼仪	20			
	2	熟练完成上门取件工作	20			
职业技能	1	服务意识强	10			
	2	普通话标准，说话言简意赅	10			
	3	反应灵敏，能处理上门取件的突发事件	10			
	4	语言亲切、自然，语速适中	10			
小 计			100			
合计=自评20%+互评30%+教师评50%			组长签字			

拓展提升

小梁是某快递公司的收件员，今天早上他接到总部客服发来的收件信息，通知他上午11点前去刘先生的公司收取快件。但是当收件员小梁到达刘先生的公司时，却无法与刘先生取得联系。假如你是收件员小梁，你该如何处理好这一次的收件作业呢？

顺丰速运收派员语言规范

常用服务礼貌用语

（1）欢迎用语：您好，欢迎光临！/ 周末好，欢迎光临！

（2）问候用语：您好 / 早上好 / 下午好 / 晚上好 / 节日好！

（3）祝福用语：祝您生日快乐 / 祝您节日愉快 / 祝您工作愉快！

（4）道别用语：再见 / 请慢走 / 请走好！

（5）征询用语：有什么需要吗？/ 有什么可以帮到您？/ 我可以帮忙吗？/ 我解释清楚了吗？/ 我说明白了吗？/ 您对我的解释还满意吗？

（6）答应用语：好的 / 是的 / 马上就好 / 很高兴能为您服务 / 我会尽量按照您的要求去做 / 这是我们应该做的 / 不要紧 / 没有关系！

（7）道歉用语：对不起 / 很抱歉 / 请您谅解 / 这是我们工作的疏忽！

（8）答谢用语：谢谢您的夸奖 / 谢谢您的建议 / 多谢您的合作 / 多谢您的支持！

（9）指路用语：请这边走 / 请往左（右）边拐！

服务禁忌语

（1）不行（注意语气、声调）！

（2）不知道！

（3）找领导去！/ 您找我也没用，要解决就找领导去！

（4）不知道就别说了！

（5）这是规定，就不行 / 不能退 / 就不能退，没有为什么，这是规定！

（6）没到上班时间，急什么！

（7）着什么急，没看见我正忙着！

（8）有意见，告去！/ 你可以投诉，尽管去投诉好了！

（9）刚才不是和你说过了吗，怎么还问？/ 不是告诉你了，怎么还不明白？

（10）你准备好了没有，快点！/ 快下班了，明天再说吧！

（11）我就这态度，不满意到别处问！

（12）干什么？快点 / 有什么事快说！

（13）你问我，我问谁？

（14）我解决不了！

（15）我没时间，自己填写！

（16）眼睛睁大点，看清楚了再写！

(17) 我们公司不是为你家开的，你说怎样就怎样！

(18) 只知道寄东西，就不知道付费？

(19) 嫌贵，就别寄了！

(20) 别在这里吵！

(21) 说了这么多遍还不明白！

(22) 人不在，等一会儿！

(23) 现在才说，干吗不早说？

(24) 我们一向都是这样的！

思政小故事

任务三　快件验收与包装作业

任务展示

某快递广州分公司的收件员小梁上门取件，客户陈女士拿出所寄物品，分别为苹果手机一部、香水一瓶、皮大衣一件，物品要求快递到北京。小梁作为一个新入职的员工，对业务还不是很了解。

请学生以小组为单位，结合快递业的验收和包装要求，帮助小梁完成快件验收和包装作业，最后每组派代表上台进行验收和包装作业演示。

本任务学习资料

任务准备

任务准备1：了解快件验收的要求

《快递包装分类与代码》（GB/T42390—2023）中对快递包装的定义：快递包装是指在快件寄递过程中，为满足保护内件物品安全、方便储存运输等要求而使用的封装用品、填充物和辅助物的总称。

根据《快递服务》系列国家标准的规定，自2012年5月1日起，对用户交寄的包裹和印刷品，快递服务组织收寄时应当场验视内件，用户拒绝验视的，可不予收寄。而经过验视，收派员仍不能确定安全性的存疑物品，应要求寄件人出具相关部门的安全证明，否则不予收寄。收派员收寄已出具安全证明的物品时，应如实记录收寄物品的名称、规格、数量、收寄时间以及寄件人和收件人的姓名、地址等内容，记录保存期限应不少于1年。

快递人员应询问和验收内件的性质和种类，若是法律、法规规定的禁寄物品，应拒收并向寄件人说明原因；若是限寄物品，应告知寄件人处理方法及附加费用；向寄件人建议贵重物品宜购买保价或保险服务；寄件人应将交递快件的性质和种类告知快递服务人员。

快件验收的要求：

（1）收件员应对快件100%开箱检查，以证实其货物是否是禁寄物品，如果属于违禁品，要按照违禁品的处理规定来处理。

（2）对于现结客户所寄的物品必须100%当面进行安全检查。

（3）不接收任何法律、法规所禁止出运的物品、危险品及赝品，对不能承运的物品，须及时向客户说明。

（4）确认客户所发物品类型及数量是否与其提供的发票内容一致。

（5）检查包装，对于不符合条件的外包装，要与客户说明在操作与运输过程中可能会出现的货损、货差与责任所在，并建议客户重新包装。

任务准备2：认识快件违禁品

快递业务涉及的货物种类繁多，如何有效区分违禁品，是快递员的基本职责所在。常见的违禁品有手机电池、电击棍等电池类，香水、玻璃水、酒、化工原料、各种医用试剂等液体，新鲜水果，冷冻后的冰块，枪支、子弹、弓弩、鞭炮及其配件和类似物品、玩具和模型，光盘，灭火器、罐装灭蚊药、打火机等压力罐，充气的篮球、足球等球类，各种粉末，甩棍，音响、吸盘等强磁类物品，所有的玻璃和陶瓷类物品，润滑油等油类，奶粉等铁罐包装，所有的刀具和道具模型等。

> **全程经陆路运输的国内禁止收寄物品**

（1）贵重物品：金砖、银条、现金、铂金等。

（2）古董和工艺品：如明代的瓷器、精致的玻璃制品等。

（3）医学样品：诊断样品、血样、尿样、人体组织等。

（4）易燃易爆、腐蚀性、毒性、强酸碱性和放射性的各种危险品，如火柴、雷管、火药、爆竹、汽油、柴油、煤油、酒精（液体和固体）、硫酸、盐酸、硝酸、有机溶剂、农药，以及其他列入化学工业出版社出版的《化学危险品实用手册》中的化工用品。

（5）各类烈性毒药、麻醉药物和精神物品，如砒霜、鸦片、吗啡、可卡因、海洛因、大麻等。

（6）国家法令禁止流通或寄运的物品，如文物、武器、弹药、仿真武器等。

（7）含有反动、淫秽或有伤风化内容的报刊书籍、图片、宣传品、音像制品、激光视盘（VCD、DVD、LD）、计算机磁盘及光盘等。

（8）妨碍公共卫生的物品，如尸骨（包括已焚的尸骨）、未经硝制的兽皮、未经药制的兽骨等。

（9）动物、植物及其标本、新鲜水果。

（10）难以辨认的白色粉末及未经正规包装、易发生破损泄漏的油漆、粉剂、涂料等。

（11）液体类：海鲜、液体化妆品、含酒精的饮料（啤酒、白酒等）、水剂等。

（12）易碎品：玻璃制品。

➤ **航空禁止收寄物品（包括"全程经陆路运输的国内禁止收寄物品"的所有内容）**

（1）威胁航空飞行安全的物品，指在航空运输中，可能明显地危害人身健康、安全或对财产造成损害的物品或物质。主要有以下几类：

① 爆炸品：如烟花爆竹、起爆引信等；

② 气体：如压缩气体、干冰、灭火器、蓄气筒（无排放装置，不能再充气的）、救生器（可自动膨胀的）等；

③ 易燃液体：如油漆、汽油、酒精类、机油、樟脑油、发动机启动液、松节油、天拿水、胶水、香水等；

④ 易燃固体：自燃物质，遇水释放易燃气体的物质，如活性炭、钛粉、椰肉干、蓖麻制品、橡胶碎屑、安全火柴（盒擦的或片擦的）、干燥的白磷、干燥的黄磷、镁粉等；

⑤ 氧化剂和有机过氧化物：如高锰酸钾；

⑥ 毒性和传染性物品：如农药、锂电池、催泪弹等；

⑦ 放射性物质；

⑧ 腐蚀品：如蓄电池、碱性的电池液等；

⑨ 未加消磁防护包装的磁铁、磁钢等含强磁的制品。

（2）任何药品（注意与保健品的区别，固体状保健品可适量收寄）。

（3）其他航空禁运品，如粉末状物体（不论何种颜色）、液体（不论使用任何包装）、外包装有危险标志的货品、没有国家标识的音像制品（含CD、VCD）、刀具、榴梿、砖块、沙石、带气火机、涉及"武器"和"枪支"概念的任何货品（含玩具）等。

👍 任务准备3：掌握快件验收方法

一般来说，常用的快件验收方法如表3-9所示。

表3-9 快件验收方法

序号	分类	方法
1	看	是否有禁寄品或不适合寄送的物品
2	摸	物品的夹层、衬垫物，衣服的衣兜、衣缝，鞋子的底、帮等部位
3	闻	判断有无刺鼻、难闻的液体类化工品
4	翻	折本的折页等部位是否夹寄现金、不明粉状物品
5	拆	非原包装的盒装、袋装物品须逐一打开验收

任务准备 4：了解快件包装的原则与标准

（1）原则上，收件员必须当着客户的面对所收快递物品进行最终包装。但实际操作中，由于条件限制不能对货物进行完美包装，需对快件进行简易包装，目的是不与其他快件混淆，以免造成单货不符。

（2）运单粘贴遵循快件美观、大方的要求，粘贴在快件适当位置上。

（3）易碎物品的快递，需要向顾客说明潜在风险及公司免责范围，要求提高包装的适运性，并在外包装上粘贴"易碎"标志。

（4）常用"十"字形、"卄"字形、"井"字形等形状进行打包。

（5）纸质信封只能装重量在 200g 以内的纸质文件。

（6）用记号笔在外包装上注明单号、始发地、目的地等信息。

任务准备 5：掌握常见的快件包装工具及材料

常见的快件包装工具及材料如表 3-10 所示。

表 3-10 常见的快件包装工具及材料

工具／材料	功能及优点	图 示
胶带	塑封包裹，固定包装货物	
剪刀／戒刀	裁剪包装材料	
文件袋	用于纸质文件类的包装	
塑料袋	普货的包裹外包装，保护货物，方便运输	
纸箱	零散或大件快件包装，方便运输和分类	
充气袋	易碎品的包装，起固定和保护作用	
填充物	填充箱内货物，起到填充固定、减震减压的作用	

任务准备 6：掌握快件包装的类型与方法

快件包装的类型与方法如表 3-11 所示。

表 3-11 快件包装的类型与方法

类　　型	包 装 方 法
常规包装	选择合适的文件袋、塑料袋或纸箱。包装时不留空隙，确保封口完好、密闭
重物包装	选择厚实、牢固的材料，加固箱底、封口等处以防破损，如有特殊需要，可定制纸箱、木箱等，但需要客户承担时间和成本风险
特殊包装	根据不同货物，将纸箱进行裁剪、拼接等的包装
易碎包装	将易碎品放在包裹的中间位置，四周用防震材料填充，并在箱内用硬质材料进行衬垫，箱外粘贴"易碎"标志

任务准备 7：掌握快件包装的检查方法

收件员在包装完货物后，需要进行检查，确保快件运输安全，不影响其他快件的运输。具体的检查方法如表 3-12 所示。

表 3-12 快件包装检查方法

序　号	方　　法	内　　　容
1	看	检查外包装是否有明显破损或撕裂。如外包装破裂，需重新进行包装
2	听	摇晃快件，听声音。如有异常破损的声音等，需打开包装检查
3	嗅	对于药品等包装，可以通过嗅觉确认是否有异味
4	感	用手晃动货物，如感觉包装内货物与包装物内壁有碰撞或摩擦，需要开箱，用填充物进行填充
5	搬	搬动货物，看重心是否偏离中心，如有，需开箱重新定位包装

任务执行

步骤 1：判断快件货物的类型

学生以组为单位利用互联网或有关书籍资料，查找并判定陈女士所寄物品的类型是否属于违禁品，把相关信息填写在表 3-13 中。

表 3-13 快件货物类型分析

快递货物	货物类型	是否违禁品	能否快递
华为手机			
香水			
皮大衣			

步骤2：选择合适的验收方法

根据陈女士的快递物品，选择合适的货物验收方法，填写在表3-14中。

表3-14　快件验收方法

序 号	分 类	对 应 货 物
1	看	
2	摸	
3	闻	
4	翻	
5	拆	

步骤3：选择合适的包装工具及材料

根据陈女士的快递物品类型，选择合适的包装工具及材料，填写在表3-15中。

表3-15　包装工具及材料的选择

工具 / 材料	选择（在下列空格中打"√"）
胶带	
剪刀 / 戒刀	
文件袋	
塑料袋	
纸箱	
充气袋	
填充物	
其他（请补充在后面）	

步骤4：选择合适的快件包装检查方法

根据以上任务，选择合适的包装检查方法所对应的快件物品，填写在表3-16中。

表3-16　快件包装检查方法

序 号	方 法	对应的快件（物品名称）
1	看	
2	听	
3	嗅	
4	感	
5	搬	

步骤五：各组派代表上台进行演示

每组各派一名代表上台对任务中的快递物品进行现场的验收和包装演示。

任务评价

在完成上述任务后，教师组织进行三方评价，并对任务实施过程进行点评，指出各组在任务实施过程中的亮点和缺点。学生完成表3-17的填写。

表3-17 任务评价表

组 别			组 员			
任务名称			快件验收与包装作业			
考核内容		评价标准	参考分值	考核得分		
				自评	互评（平均）	教师评
职业素养	1	具有良好的团队合作精神	5			
	2	具有良好的专业行为规范	5			
知识素养	1	熟悉取件工具及使用方法	10			
	2	掌握快件违禁品的判断及处理方法	10			
	3	熟悉快递包装的工具及材料	15			
	4	掌握快件包装及检查方法	15			
职业技能	1	能够准确判断和处理违禁品	15			
	2	能够熟练使用包装工具进行包装作业	25			
小 计			100			
合计=自评20%+互评30%+教师评50%			组长签字			

拓展提升

吴先生在公司的一次年会抽奖环节中抽中一台50英寸的曲面彩色电视机。由于湖南长沙老家的电视机刚好坏了，需要购买一台新的，正好可以把这一台彩色电视机快递回老家去。于是吴先生联系了某快递公司上门收件。收件员观察了一下电视机，考虑到运输途中的风险，提出内层用纸箱加防震填充物包装，外层用定制木箱包装的建议。假如你是一名专业的收件员，该如何帮吴先生解决这个问题？

知识加油站

顺丰速运收寄件的包装尺寸和重量标准

一、顺丰速运收寄原则（尺寸和重量标准）

1. 禁止收寄

禁止收取易燃、易爆、易腐蚀、有毒、放射性及违法物品。

2. 限制收寄（尺寸和重量）

（1）航空快件：单件计费重量不超过 80 kg 或三边（长、宽、高）分别不超过 2.5 m、1 m、0.8 m；

（2）陆运快件：单件计费重量不超过 130 kg 或三边（长、宽、高）分别不超过 2.5 m、1.5 m、1.5 m；

（3）特殊说明：顺丰速运时效产品需按照各时效产品的重量及尺寸要求执行。

3. 航空限制

商业原包装液体、膏状、粉末类食品可通过航空方式发运，如原包装的奶粉、咖啡粉、保健品、矿泉水等；非商业原包装的其他液体、膏状、粉末类物品需提供"鉴定报告书"，在发运机场报备通过后方可通过航空方式发运。

二、顺丰速运分货物类目收寄原则

1. 电池类

（1）电池禁收：禁止收取摩托车、汽车、电动车（含电动单车、三轮车、平衡车）的蓄电池，禁止收取额定能量大于 100W·h（瓦时）的锂电池或充电宝。

（2）航空收寄标准：

检测报告：必须提供符合 UN38.3 测试和 1.2 m 跌落试验的相关检查报告；

报备：提供检测报告原件向机场安检报备通过后方可发运；

包装：必须为商业原包装，每台电子产品最多配两块电池，且机电分离，电池须独立密封包装，机电一体的电子产品须关机。

2. 生鲜、时令水果类

为保证物品运输品质，部分时令蔬果类单票不能超过 5 kg，大闸蟹单票不能超过 10 kg，如超出限重需分票寄递，各地如有特殊要求，以当地收派员核实为准。

3. 化工类

除日用化工品（如牙膏、洗面奶、洗洁精、化妆品）外，其他化工类物品需提供安全属性证明材料，确认安全后，将证明材料随货寄出。若需要通过航空方式发运，则需提供"鉴定报告书"在发运机场报备通过后方可通过航空方式发运。

4. 动物类

除大闸蟹、甲鱼、大龙虾外，其他活体动物禁止收寄。

5. 家具类

顺丰速运也不再收寄过重或过大的快件，标准是单件计费重量超过 80 kg 或长、宽、高三边之和超过 3 m 的快件（行邮专列除外）。快件单边超过 1.6 m 且长、宽、高三边之和不超过 3 m 的快件可以收寄，但将收取一定的超长附加费。

思政小故事

任务四　快件后续处理作业

任务展示

某快递公司的收件员小梁从客户处取件后，返回营业网点。根据快件分类要求及公司有关规定，需要对快件进行处理，然后与网点仓管员进行快件交接作业。假如你是收件员小梁，你该如何处理这个快件呢？

请学生以小组为单位，结合快递公司的规定，帮助小梁完成快件后续处理作业，最后每组派代表上台进行演示。

本任务学习资料

任务准备

任务准备1：认识快件后续处理作业流程

快件必须在规定的时间内带回营业网点，否则无法按照约定的运送时间运输和配送。车辆运输途中要确保车辆的安全，关好车门；摩托车和电动车的快件运输要保证小件入包，大件货物捆绑牢固，易碎品妥善放置，力求做到最大可能地保护好客户的快件。

但是在快件运回营业网点的时候，往往会由于车辆的颠簸造成快件外包装受损或运单破坏等，因此必须对带回营业网点的快件进行检查和复核，确保客户的货物未受破坏和损失。

快件后续处理作业流程如图3-3所示。

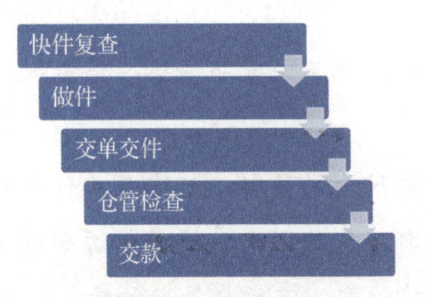

快件复查 → 做件 → 交单交件 → 仓管检查 → 交款

图3-3　快件后续处理作业流程

任务准备 2：了解快件复查

（1）核对数量。收件员核对运单数量与快件数量是否相符，一张运单对应一个快件。如运单数量与快件数量不相符，则必须及时找出数量不符的原因并跟进处理，直至货物数量与运单上填写的数量一致方可。

（2）复核重量。收件员返回营业网点后，应该对每个快件货物进行复称，确保货物重量准确无误。如发现重量不符，应该立即致电客户说明情况，征得客户同意后，进行修改或重新填单后方可寄出。

（3）复核运单填写的内容是否符合快件寄件要求。任何环节的价格、重量栏若填写错误均不得擅自修改，如需修改，应致电客户说明情况，客户同意后在备注栏填写，并按照规定在各联运单上加盖更改确认章。

任务准备 3：认识做件操作

一般来说，所谓的做件是指收件员将未完成操作的快件按照规定操作完毕，具体包括包装、封箱、贴纸、做单等，如表 3-18 所示。

表 3-18　快件做件环节

序号	做件环节	内容
1	包装	（1）未包装的货物要按照快件包装要求进行包装； （2）通过看、搬、听、感等方式，判断包装是否有明显破损或撕裂、重心是否不稳、货物捆扎是否牢固、填充物是否能够让包装内的货物不发生位移，有效保护货物等，如出现以上情况，需要重新进行包装
2	封箱	快件内外包装箱子是否用透明胶进行封口
3	贴纸	如出现运单信息看不清、破损、丢失、粘贴位置不佳等情况，需要重新制作快递单，在正确的位置粘贴运单
4	做单	没有完成货物信息录入或者快递单还没有制作的，都需要做单
5	其他	

任务准备 4：了解交单交件操作

（1）收件员把面单和快件一起交给仓管员清点，以确保一单一货、单货数量相符。仓管员应该将货物与运单用巴枪进行逐件扫描、核对。

（2）如有客户寄件出口并提供"出口证"或其他报关资料的，应交给仓管员。

（3）将收件表填写完毕，核对无误后上交仓管员。

（4）收件员与仓管员办理货物交接时，仓管员唱数，收件员监数。

任务准备 5：做好仓管检查作业

在收件员与仓管员交接时，仓管员需要检查快件，具体内容如表 3-19 所示。

表 3-19 仓管检查

项　目	检 查 内 容
运单号码	检查面单编号与写在货物上的运单号码是否吻合
数量	清点数量
重量	核查重量
外包装	外包装是否牢固
面单填写内容	是否规范，是否有错单的情况。抽查运单目的地代码、大头笔标注的代码是否有误
一票多操作	检查一票多操作是否规范

任务准备 6：完成交款作业

快件员交接完货物后，需要将当天收到的运费上交财务，如需补开发票要尽快开具，以便及时交给客户。

任务执行

步骤 1：核对运单

快件员小梁将收取的快递运单与快件进行核对，检查运单信息填写的完整性，并填写表 3-20。

表 3-20 快件单证填写情况

序　号	项　目	信息是否完整、准确	处 理 方 法
1	客户姓名		
2	电话号码		
3	邮寄地址		
4	货物重量		
5	货物数量		
6	付款方式		

步骤 2：录单、交单交货

确认邮寄信息无误后，快件员开始录单，用巴枪扫描后，登录公司操作系统，并在系统中登记录入客户详细资料，将数据上传到数据库中，打印清单上交。

> **小贴士**
>
> 货物交接时的注意事项：
> （1）交接工作没有完成前，收件员不应离开操作区域。
> （2）点清件数。通过扫描枪扫描来核对货物的数量是否准确。
> （3）查看外包装。对于外包装有破损的货物，要及时查看货物是否缺失，若无缺失，可重新加固货物外包装；如有缺失，及时查找原因。
> （4）如发现货物重量与运单重量不符，仓管员可拒绝接收该快件，交由收件员复查后重新填写重量。
> （5）做好货物的入仓交接工作，登记入仓记录表并签字。

步骤3：上交营业款

收件员小梁确认无误后，应把当天所收取的快件收款清单和营业款移交给公司财务部，由财务人员统一收取。待财务人员清点核对无误后，收件员在交款清单上签字，领取财务人员开具的收款票据后，交款作业完成。

任务评价

在完成上述任务后，教师组织进行三方评价，并对任务实施过程进行点评，指出各组在任务实施过程中的亮点和缺点。学生完成表3-21的填写。

表3-21 任务评价表

组　别			组　员			
任务名称			快件后续处理作业			
考核内容		评价标准	参考分值	考核得分		
				自评	互评（平均）	教师评
职业素养	1	具有良好的团队合作精神	5			
	2	完成工作任务的态度认真负责	5			
知识素养	1	掌握快件复核的内容	15			
	2	掌握运单信息录入的内容	15			
职业技能	1	能够正确核对单货	20			
	2	能够正确交单交货	25			
	3	能够正确上交营业款	15			
小　计			100			
合计 = 自评20%+ 互评30%+ 教师评50%			组长签字			

拓展提升

随着"双十一"的到来,快件数量剧增,收件员小梁的工作量也增加了很多。小梁在忙完一天的收件工作后,带着满满一车的快件及相应的营业款,满心欢喜地回到营业网点进行快件交接工作。在进行快件交接时,发现营业款少了8元。请问,如果你是收件员小梁,你应该如何处理这一事件呢?

知识加油站

快递收派员的岗位职责与要求如表 3-22 所示。

表 3-22 快递收派员的岗位职责与要求

序 号	岗 位 职 责
1	认真执行公司各项规章制度和标准化操作流程
2	在公司规定时间内,安全、快捷、准确地完成日常取派送工作
3	确保客户小件不受损失,确保公司利益不受侵害
4	妥善处理客户提出的各种需求,维护公司在客户心中的良好声誉
5	负责及时派送月结客户对账清单及发票
6	负责及时回收月结款项,并在规定时间内如数上交财务入账
7	负责及时准确地将现结、应收、代收等款项交与财务
8	负责所辖区域客户的开发和维护工作

序 号	辅 助 职 责
1	宣传公司新业务及服务措施
2	负责新同事的传、帮、带工作
3	收集客户需求、建议及意见,并及时反馈
4	承办上级领导及上级管理部门交付的其他工作任务
5	协助分点部负责人处理其他应急事务

序 号	岗 位 要 求
1	身体健康,品貌端正,无不良嗜好,体力充沛,能吃苦耐劳
2	有一定的阅读能力、计算能力、逻辑思维能力
3	富有工作激情,具有强烈的敬业精神及良好的思想道德品质
4	具有较强的语言沟通能力及良好的团队协作精神
5	性格开朗、外向,工作主动、积极,有较强的学习能力
6	自带摩托车或骑车者,要求相关手续齐全,需要有驾驶证、行驶证

项目三　快递收件业务操作

思政小故事

习题巩固

项目四

快递处理业务操作

目前，我国快递业年业务量已经突破千亿件大关，寄收快递已经成为很多人生活的一部分。但在行业快递发展的同时，一些快递企业降低服务质量的乱象也不容忽视。为提升快递服务体验，促进快递行业更安全、健康的发展，需要进一步规范快递处理业务操作。

项目目标

知识目标	1. 认识中转验收的含义　　　　　　　　2. 了解中转站快递处理方式 3. 掌握交接单操作　　　　　　　　　　4. 了解快件分拣的定义及方式 5. 了解半自动机械的分拣操作规范　　　6. 认识电子标签拣货系统及拣选中心的分区方法 7. 掌握快件分拣的准备内容　　　　　　8. 掌握快件总包的含义 9. 了解总包封装和总包装载的要求　　　10. 认识总包封装的准备和总包堆码工作 11. 掌握快件发运的定义及操作流程　　　12. 认识车辆封志及汽车运输出站快件的交接要求
技能目标	1. 规范完成对到达的车辆及交接单检查工作 2. 规范完成车辆封志的拆解、总包验收及交接签收工作 3. 规范完成快件分类、快件识别等工作 4. 规范完成快件投格、快件整理等工作 5. 正确制订计划并熟练使用条码设备扫描登单 6. 规范完成快件总包牌制作、建包及总包堆码工作 7. 规范完成总包堆码、装车顺序安排等工作 8. 规范完成车辆封志建立、签字确认等工作
素质目标	1. 培养学生的时间观念和效率意识　　　2. 培养学生树立正确的质量观念 3. 培养学生合作意识与沟通能力　　　　4. 培养学生精益求精的工作态度 5. 培养学生树立绿色环保理念　　　　　6. 培养学生树立客户至上的理念 7. 培养学生 8S 管理的岗位意识　　　　8. 培养学生严谨细致的职业品质

知识图谱

快递处理业务操作

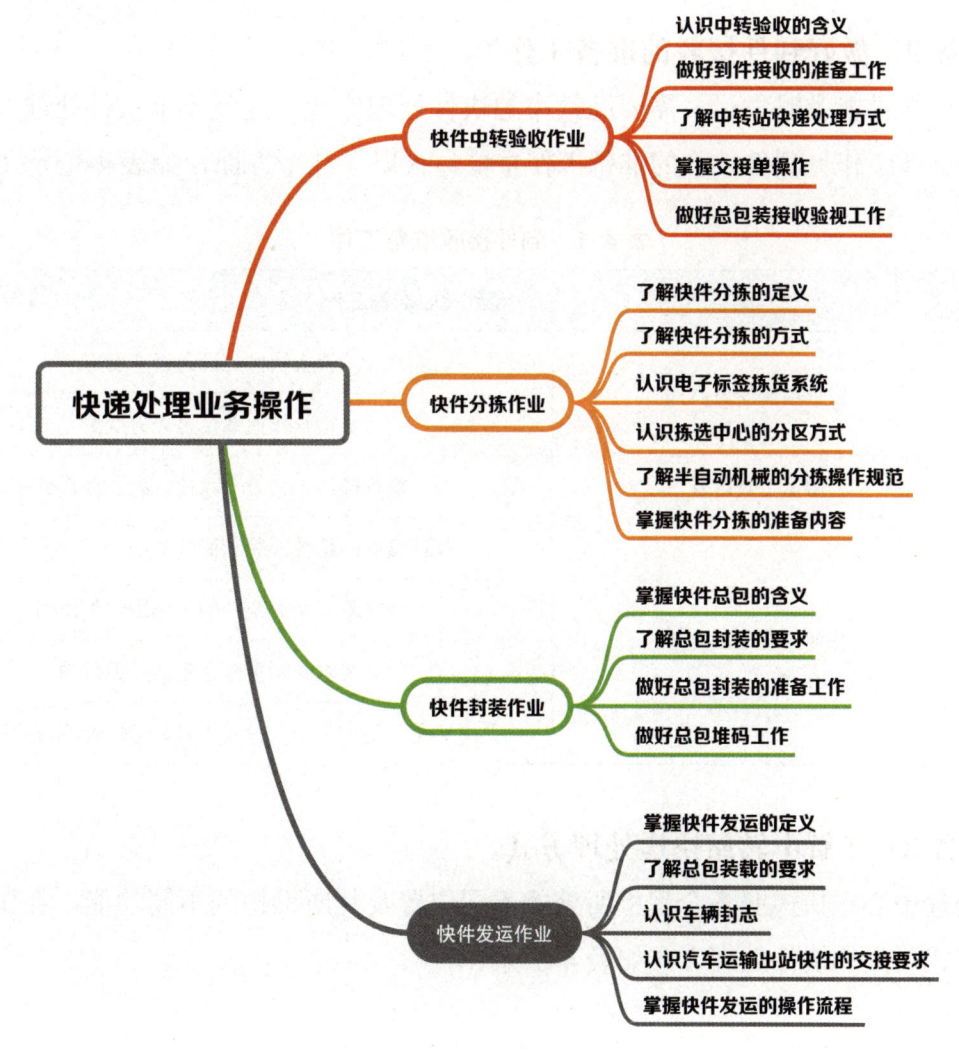

- 快件中转验收作业
  - 认识中转验收的含义
  - 做好到件接收的准备工作
  - 了解中转站快递处理方式
  - 掌握交接单操作
  - 做好总包装接收验视工作

- 快件分拣作业
  - 了解快件分拣的定义
  - 了解快件分拣的方式
  - 认识电子标签拣货系统
  - 认识拣选中心的分区方式
  - 了解半自动机械的分拣操作规范
  - 掌握快件分拣的准备内容

- 快件封装作业
  - 掌握快件总包的含义
  - 了解总包封装的要求
  - 做好总包封装的准备工作
  - 做好总包堆码工作

- 快件发运作业
  - 掌握快件发运的定义
  - 了解总包装载的要求
  - 认识车辆封志
  - 认识汽车运输出站快件的交接要求
  - 掌握快件发运的操作流程

任务一 快件中转验收作业

任务展示

一批快递货物已经到了某市,现在要进行中转验收,请同学们以小组为单位分工协作,完成该批货物的中转验收,并且上台分享交流实操心得。

本任务学习资料

任务培训

任务准备1:认识中转验收的含义

快递中转验收是指快件统一发到一个配送中心,也就是所谓的中转站后,快递员再对快件进行分拣、封发的全过程,包括快件到站接收、分拣、总包封装、快件发运等环节。

任务准备2:做好到件接收的准备工作

为了确保快件能及时发运,需要高效率的快件处理作业。这就要求快件处理人员必须事先做好各项准备工作。到件接收的准备工作主要包含以下几个方面,如表4-1所示。

表4-1 到件接收准备工作

序 号	到件接收准备工作	
1	检查操作变更通知	检查快件处理是否有变更
2		检查作业系统是否有变更
3	搬运工具准备	检查搬运工具是否就位,状态是否良好
4	作业人员个人准备	保持良好的精神面貌和愉悦的心情开始投入工作
5		穿戴好企业统一的工作服和工作帽
6		要求衣帽干净、整洁、无污物
7		穿戴好防护手套、护腰用具、劳保鞋等防护用品

任务准备3:了解中转站快递处理方式

根据处理中心在快递服务全程中所处的不同位置及其所承担的不同功能,在快递处理上存在四种方式。具体快件处理方式如表4-2所示。

表 4-2　中转站快件处理方式

处理方式	具体内容
包进包出	快件以总包的形式进入处理中心，经分拣封发后，再以总包的形式发往下一环节。这些处理中心承担着中转枢纽的功能
散进包出	快件以散件的形式进入处理中心，经分拣封发后，以总包的形式发往下一环节。这些处理中心前端连接收寄处理点，后端连接另一处理中心
包进散出	快件以总包的形式进入处理中心，经分拣后，以散件的形式发往派送处理点。这类处理中心前端连接某一处理中心，后端连接派送处理点
散进散出	快件以散件的形式进入处理中心，经分拣后，再以散件的形式发出。这类处理中心两端分别连接着收寄处理点和派送处理点。同城快件的处理多属此类

任务准备 4：掌握交接单操作

交接单是快递作业中运输部门与处理部门在交接总包快件时的一种交接凭证，是登记交接快件相关内容的一种工具表单。交接单是交接双方交接工作的书面证明，快递企业需要制定交接单操作规范以指导和约束交接方的工作。各快递企业交接单的具体操作规范因各自业务不同而有所区别，但通常交接单操作规范主要包括以下内容，如表 4-3 所示。

表 4-3　交接单操作规范

序号	交接单操作规范内容	说明
1	交接单的制作规范	交接单内须附单号、走货方式，并且所有内容必须与相关交接单的内容保持一致
2		交接单表头内容包括交接部门、到达部门、编号和日期
3		交接单内容包括单号、部门、件数、重量、体积、目的地、品名、包装和交接人等
4	交接单的填写规范	快件出仓时，装车人员和司机必须按照真实情况填写交接单，并在指定位置签名或盖章
5		到货卸载后，卸货人员和司机应根据实际情况进行清点和记录，并在指定位置签名或盖章
6		交接单内容如需更改，必须在更改栏目旁签名确认，如果手动更改的单号超过 6 个，必须重新制作一份交接单
7		分批配载须在交接单上进行备注
8	交接单的交接规范	贵重物品、空运货以及偏线、城际快车和专线的货物需要单独进行交接
9		交接单由发出部门、外场、司机、专线各留一份，各份交接单的内容必须清晰易辨
10	交接单到货确认操作规范	运作部门、收件公司营业部和发件公司营业部必须对所有到件进行交接单到货确认操作
11		各运作部门进行交接单到货确认时，如果发现有未制作交接单的快件，必须由代收件部门制作交接单，并向收件部门收取操作费
12		各运作部门发现有快件在系统中未录入运单信息的，必须由代收件部门补录运单，同时制作交接单，并向收件部门收取操作费
13		代替他人录入运单信息而导致差错的，责任由录入部门承担

任务准备5：做好总包装接收验视工作

> 车辆到达检查流程（见图 4-1）

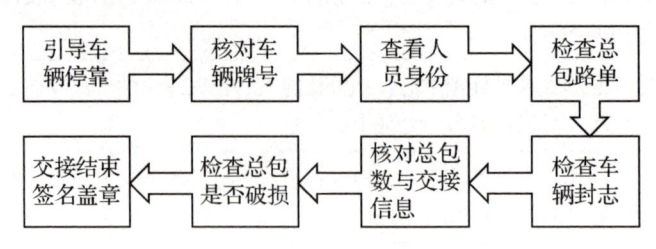

引导车辆停靠 → 核对车辆牌号 → 查看人员身份 → 检查总包路单 → 检查车辆封志 → 核对总包数与交接信息 → 检查总包是否破损 → 交接结束签名盖章

图 4-1 车辆到达检查流程图

> 总包验收操作

总包验收是快件集货作业中的重要环节，作业人员以交接单上登记的内容或信息系统中的信息为准，将这些内容或信息与总包快件的实物相比对，确保在规定的时间内快速、准确地完成总包验收工作。总包验收操作要点如表4-4所示。

表 4-4 总包验收操作要点

序号	步骤	说明
1	验收顺序要求	除有特殊规定外，按车辆到达的先后顺序进行验收。不同批次或车次的总包应分别验收，不得混淆处理
2	验收人员要求	总包验收工作要求交接双方同时作业，收方负责逐包扫描、查询总包以及复核总包数量和规格，交方负责核实总包的数量、核对交接信息
3	对总包进行称重	对总包逐包进行扫描和称重，并上传信息，比对扫描结果，或将扫描的信息与交接单内容进行核对

任务执行

步骤1：对到达的车辆进行检查

根据分拨中心当天进出车辆的整体情况，引导车辆合理停靠，并且对交方车辆的车牌号、车型和司机的身份进行核实。

步骤2：检查交接单

检查押运人员提供的交接单。

步骤3：拆解车辆封志

检查车辆封志是否完好无损，应认真检查封志是否已经被打开过，对松动的、有可疑痕迹的应做记录，检查完毕后用剪刀等工具完成车辆封志的拆解。

步骤4：进行总包验收

打开封志后，将交接单上记录的总包卸下，对货物逐个进行扫描称重，完毕后将扫描信息与总包路单内容核对，并根据总包路单来检查总包的数量和重量，核对每个总包的具体信息，如图 4-2 所示。

图 4-2　核对总包数量与交接单信息

步骤 5：交接签收

在总包验收结束后，交接双方在交接单上签名，并批注接收时间，如图 4-3 所示。

任务评价

在完成上述任务后，教师组织进行三方评价，并对任务实施过程进行点评，指出各组在任务实施过程中的亮点和缺点。学生完成表 4-5 的填写。

图 4-3　交接签名

表 4-5　任务评价表

组　别			组　员			
任务名称			快件中转验收作业			
考核内容		评价标准	参考分值	考核得分		
				自评	互评（平均）	教师评
职业素养	1	认真负责，充满热情	10			
	2	具有良好的团队合作精神	10			
	3	细心，条理清晰	10			
知识素养	1	掌握中转验收的理论	15			
	2	熟悉总包验视的流程	15			
职业技能	1	熟悉中转验收的流程	20			
	2	能够完成快件中转验收任务	20			
小　计			100			
合计 = 自评 20%+ 互评 30%+ 教师评 50%			组　长　签　字			

拓展提升

王建所在的转运中心有一辆快件运输车到达，他需要进行车辆封志的拆解，但是在拆解之前，他发现车辆的信息和交接单的信息不相符，并且封志上的条码很模糊，这时他应如何处理？

思政小故事

任务二　快件分拣作业

任务展示

某快件分拨中心收到各营业网点的快件后，小张和同事们需要在一定的时间内，根据一定的分拣规则对快件进行分拣。其中，大件货物需放上传送带由分拣人员卸货至固定区域，再通过半自动化分拣机械进行分拣，而文件类快件一般通过手工分拣。小张和同事们是如何完成文件类快件分拣的呢？

本任务学习资料

任务培训

👍 任务准备1：了解快件分拣的定义

快件分拣，是快递企业在快件内部处理过程中的重要工序，分拣人员根据快件封面上所书写的地址，尽可能迅速、准确地将商品从其储位拣取出来，并按一定的方式进行分类、集中，等待配装送货的作业过程。

👍 任务准备2：了解快件分拣的方式

快件分拣的方式有手工分拣、半自动机械分拣和分拣机自动分拣三种，其主要特点和示例如表4-6所示。

表 4-6 快件分拣的方式

分拣方式	主 要 特 点	示　　例
手工分拣	由人工配合简单的拣选工具完成快件分拣作业，分拣效率很低	
半自动机械分拣	一般利用输送机并配合人工完成拣货作业，相比人工拣选，半自动机械分拣效率有较大提升	
分拣机自动分拣	主要利用自动化拣选设备完成拣选作业，拣选效率较高	

任务准备3：认识电子标签拣货系统

电子标签拣货系统是通过一组安装在货架储位上的电子标签作为拣货指示装置，引导拣货人员准确、快速、轻松地完成拣货作业的一种人机交互系统。

> 类型

（1）摘果式电子标签拣货系统（DPS）

为每一种货物安装一个电子标签，控制计算机以订单为单位进行拣货信息处理，根据订单所需货物的位置发出拣货指示，电子标签指示灯亮起，拣货人员根据电子标签所显示的数量完成以"件"或"箱"为单位的拣货作业，如图4-4所示。

（2）播种式电子标签拣货系统（DAS）

该系统中每一个储位代表一个客户，在每个储位上都设有电子标签。拣货人员先通过条码扫描器把要分拣的货物信息输入系统，需要该货品的客户相应的分货位置所在的电子标签就会亮起并发出蜂鸣声，同时显示出该位置所需要货物的数量，拣货人员根据信息快速地将货物分放在相应的客户分货位置，如图4-5所示。

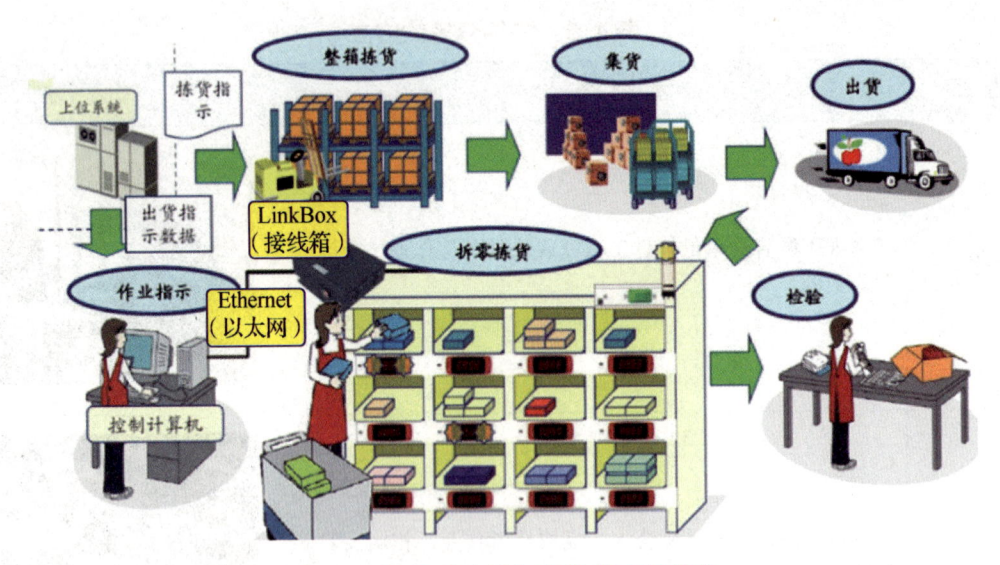

图 4-4　摘果式电子标签拣货系统操作

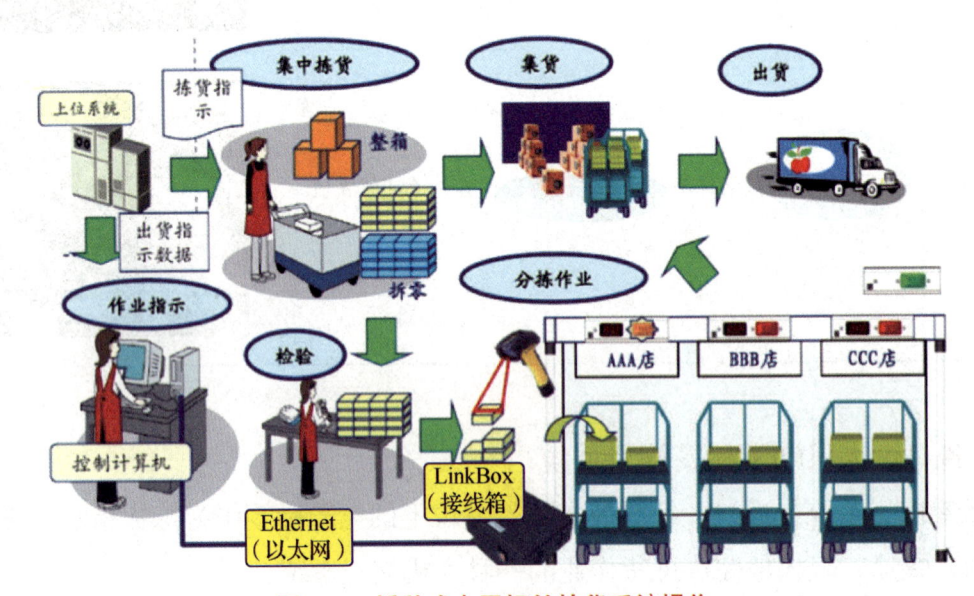

图 4-5　播种式电子标签拣货系统操作

小贴士

分拣机器人

分拣机器人是一种具备了传感器、物镜和电子光学系统的机器人,可以快速自动进行快件分拣,如图 4-6 所示。

图 4-6　分拣机器人

任务准备 4：认识拣选中心的分区方法

拣选中心的分区方法主要有四种：货品特性分区、拣选单位分区、拣选方式分区、工作分区，如表 4-7 所示。

表 4-7 拣选中心分区方法

分区方法	说 明
货品特性分区	根据货品原有的性质，将需要特别储存搬运或分离储存的货品进行区隔，以保证货品的品质
拣选单位分区	将拣选作业区按拣选单位划分，如箱装拣选区、单品拣选区，或是具有特殊货品特性的冷冻品拣选区等，目的是使储存单位与拣选单位分类统一，以方便分拣与搬运单元化，使分拣作业单纯化，一般拣选单位分区形成的区域范围是最大的
拣选方式分区	不同拣选单位分区中，按拣选方法和设备的不同，又可分为若干区域，通常是按货品销售的 ABC 分类的原则，按出货量的大小和分拣次数的多少做 ABC 分类，然后选用合适的拣选设备和分拣方式。其目的是使拣选作业保持一致，减少不必要的重复行走时间。在同一单品拣选过程中，按拣选方式的不同，又可分为台车拣选区和运输机拣选区
工作分区	在相同的拣货方式下，将拣选作业场地再作划分，由一个或一组固定的拣选人员负责分拣某区域内的货品。该策略的优点是拣选人员和货物的移动距离减少，拣选时间缩短，还可以配合订单的分割策略，运用多组拣选人员在短时间内共同完成订单的分拣，但要注意工作平衡问题

任务准备 5：了解半自动机械的分拣操作规范

目前，国内的快递公司在快件分拣环节，大多数条件下采用的是半自动机械分拣系统结合手工分拣的方式来完成分拣作业。半自动机械分拣操作规范如表 4-8 所示。

表 4-8 半自动机械分拣操作规范

序 号	操 作 规 范
1	在指定位置将快件放上传输机，运单面朝上，快件宽度要小于传送带的宽度
2	快件传到分拣工位时，要及时取下快件，未来得及取下的快件由专人接取后，再次上机分拣或进行手工分拣
3	看清运单寄达的目的地、电话区号和邮编后，准确拣取快件
4	取件时，较轻的快件用双手拖住两侧取下，较重的则要用双手托住底部或抓紧两侧，顺着传送带的方向取下

任务准备 6：掌握快件分拣的准备内容

快件分拣的准备内容如表 4-9 所示。

表 4-9 快件分拣的准备内容

项 目		准 备 内 容
环境	设备	计算机、笔、快件、相关单证、分拣机器
	人员	分拣员
	软件	操作系统
	单据	快件交接清单

续表

项 目	准 备 内 容	
制订计划	步骤一	掌握快件分拣作业的方式
	步骤二	掌握分拣系统的使用
	步骤三	掌握快件分拣的流程

任务执行

步骤1：快件分类

先将待分拣的快件分为信件类和包裹类，可以分为初拣和细拣两个环节，如图4-7所示。

步骤2：快件识别

信件类快件一次可取20件左右，包裹类快件单独处理。通过运单上的邮编、地址路段和电话区号进行快件识别，如图4-8所示。

图4-7 快件分类 　　　　　　　　　　图4-8 快件识别

步骤3：快件投格

一只手拖件，另一只手的拇指捻件，用中指轻弹入格，如图4-9所示。

步骤4：快件整理

将分拣格子内的信件有序整理，保持运单面朝上并且方向一致，如图4-10所示。

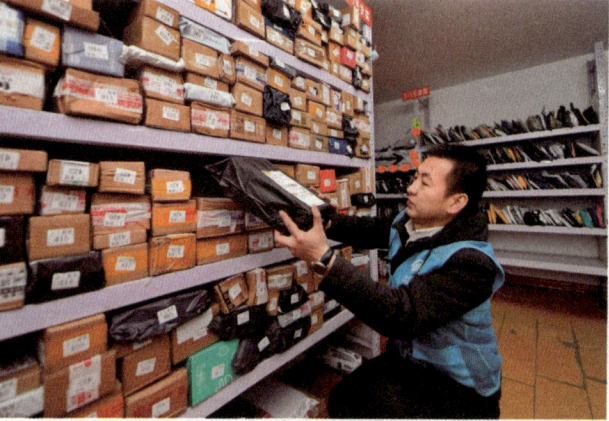

图 4-9　快件投格　　　　　　　　　　　图 4-10　快件整理

任务评价

在完成上述任务后，教师组织进行三方评价，并对任务实施过程进行点评，指出各组任务实施过程中的亮点和缺点。学生完成表 4-10 的填写。

表 4-10　任务评价表

组　别		组　员				
任务名称			快件分拣作业			
考核内容		评价标准	参考分值	考核得分		
				自评	互评（平均）	教师评
职业素养	1	具有良好的沟通交流能力	5			
	2	具有良好的团队合作精神	5			
	3	具有良好的专业行为规范	5			
知识素养	1	了解快递分拣的方式	15			
	2	掌握电子标签拣货系统的使用	15			
	3	了解拣选中心的分类	10			
	4	掌握分拣的操作规范	15			
职业技能	1	能够完成手工分拣任务	20			
	2	能够优化分拣的过程	10			
小　计			100			
合计 = 自评 20%+ 互评 30%+ 教师评 50%				组长签字		

拓展提升

自行利用互联网查找资料，查阅半自动机械分拣的具体操作步骤，并且完成表 4-11 的填写。

表 4-11 半自动机械分拣的步骤

步　骤	具 体 流 程
事前准备	
设备操作	
过程控制	
分拣结束	

知识加油站

京东黑科技亮相长春物流展　分拣"机器人"年底前将在长春运行

2018年9月15日，在2018中国（长春）国际物流展暨智能物流科技博览会上，京东物流展出的无人机、无人送货车、地狼、分拣机器人等黑科技产品格外抢镜。记者现场了解到，有着体积小、力气大、高智商等优点的网红分拣机器人AGV（即小红人）已悄然入驻京东物流长春宇培园区的分拣中心，目前园区内正在铺设AGV桌面系统，最快2018年下半年将实现小件分拣无人智能化操作。

电商蓬勃发展的背后，是物流行业猛增的配送压力。在2018年"京东618全球年中购物节"启动仪式上，京东集团副总裁、X事业部总裁肖军谈到，京东的科技智能和物流正在帮助一线员工提高效率、降低成本。相较于人工，无人机器确实有助于降低成本，但更主要的优势体现在整体效率的提升。伴随着京东无人仓、无人机、配送机器人的全面落地运营，京东的"智慧物流"体系已经开始从设想变为现实。

京东物流东北区的工作人员在展会现场介绍说，无人机、无人送货车、地狼系统都是京东X事业部自主研发的，现均已投入使用。例如，这一款京东AGV系统，也叫"小红人"。目前已入驻京东物流吉林宇培园区的分拣中心，前期规划主要用于小件分拣场景。过去快递小件在传送带上都是通过人工分拣操作，由于快件体积较小、面单不易区分等原因，人工操作量大，易造成视觉疲劳，而且作业效率也有限。预计2018年下半年建成后，"小红人"可以靠识别场地中按经纬度分布的二维码地标，以3 m/s的速度"奔跑"，工人只需将快递包裹放置在机器人上，它即可迅速识别快递面单信息，以最优路线投递，完成分拣工作。

记者了解到，目前，京东物流建成的全球首个全流程的无人仓已经于2017年10月在上海投入使用运行。京东物流集团在东北首个高智能化的地狼仓项目也于2018年6月落户大连FDC仓。基于无人仓的自主研发和技术创新，未来京东物流"亚洲一号"长春长德物流园将投入最新黑科技，实现自动化、智能化、信息化和标准化，辐射吉林省及东北区域，提升京东配送服务能力的同时，将进一步促进以长春为核心的吉林省电商物流业快速发展。

思政小故事

任务三　快件封装作业

任务展示

王明是某快递公司的一名员工。快件分拣完毕后,发往华南地区的快件被分拣到一起了,现在需要将发往华南地区的快件进行总包封装,那王明应该如何完成这个封装任务呢?

任务培训

任务准备1:掌握快件总包的含义

快件总包是指将多个发往同一寄达地的快件,集中规范地放置在包袋或容器中,并将袋口或容器进行封扎的过程。

任务准备2:了解总包封装的要求

目前快递公司常规的总包封装要求如表4-12所示。

表4-12　总包封装要求

序号	总包封装要求	示例
1	根据快件数量和体积选择大小合适的总包袋	
2	将已经填写好的包牌贴在空袋子的中上部	
3	将贴好包牌的总包袋正确挂在称袋架上	
4	应将信件类和包裹类快件分开封装	
5	对保价、代收货款和到付等快件进行分类封装	
6	保持快件运单朝上,按由重到轻、由大到小、方下圆上的原则依次装袋	
7	易碎快件和液体快件应单独封装	
8	快件装好后,要放入该总包的封发清单,必须用专用封套包装	
9	装袋时,快件不宜超过袋子容积的三分之二,总重量不宜超过32 kg	
10	将总包袋从称袋架上卸下并扎紧,切勿出现松扎口的"鹅颈袋"	

任务准备 3：做好总包封装的准备工作

要顺利地进行总包封装，前期的准备工作很重要。总包封装的准备工作如表 4-13 所示。

表 4-13　总包封装的准备工作

步　骤	工　作　要　求
领取扫描枪	检查扫描枪，电量是否充足，系统能否正确登录
常用工具准备	检查圆珠笔、大头笔、缝包针能否正常使用，胶带、缝包线是否足够。根据每日发往各目的地所需包袋的种类及数量，准备各种相应数量的包袋、封条以及包贴纸
设备准备	摆好小件分拨架、打包架和胶框。分拨用的皮带机和缝包机要试机，确保机器能够正常运作
整理航空包	将包贴纸贴在有标注的一面，距包底部 13 cm 正中间的位置，将打包袋有标注的一面朝上平铺堆放

任务准备 4：做好总包堆码工作

规范有序地堆位和码放总包，有利于合理规划区域空间，梳理作业程序，保证快件处理的合理性和有序性。总包堆码要求如表 4-14 所示。

表 4-14　总包堆码要求

序　号	总包堆码要求	示　例
1	同一车次的总包应以各总包卸货的先后顺序码放	
2	同一航班或车次的总包应集中堆放，便于装运	
3	根据总包装运时限的先后顺序建立堆位，以避免出现压包延误的现象	
4	对代收货款、到付和优先快件应单独码放，对于易碎快件要按公司要求处理	
5	不得出现摔、拽、扔、拖总包的粗鲁行为，若发现包装损坏或包牌脱落，应及时处理	
6	各堆位间应留有通道，并设置隔离标记	
7	需要码放在托盘或搬运工具上的总包，应严格按照工具载重标准和操作要求执行	
8	总包应直立放置，整齐划一排列，以一层为限，切勿横铺堆叠	

任务执行

步骤 1：制订计划

制订总包堆码的计划，并完成表 4-15 的填写。

表 4-15 总包堆码计划表

序　号	工作内容	器材准备	负责人员
1	快件扫描分拣		
2	称重		
3	打印袋牌		
4	捆扎总包		
5	总包堆码		

步骤 2：使用条码设备扫描登单（见图 4-11）

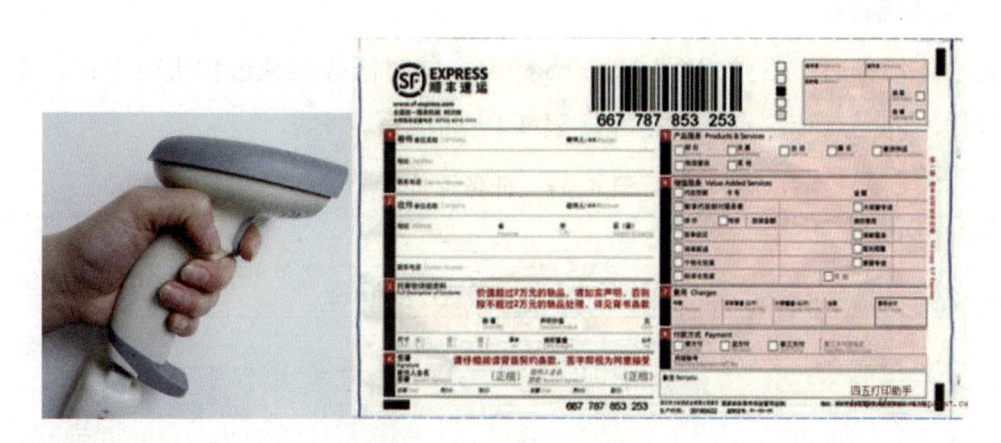

图 4-11 扫描枪和快递单

步骤 3：快件总包牌制作（见表 4-16）

表 4-16 总包牌制作表

总 包 名 称	总 包 内 容	数　　量	运 输 方 式	目 的 地

步骤 4：建包

建包过程中要戴好防护工具，不能出现"鹅颈袋"和暴力操作行为。

步骤 5：总包堆码

堆码总包要整齐，并选择合适的方式进行堆码，堆码的形式要符合装车要求，如图 4-12 所示。

图 4-12　总包堆码

任务评价

在完成上述任务后，教师组织进行三方评价，并对任务实施过程进行点评，指出各组在任务实施过程中的亮点和缺点。学生完成表 4-17 的填写。

表 4-17　任务评价表

组　　别		组　　员				
任务名称		快件封装作业				
考核内容		评价标准	参考分值	考核得分		
				自评	互评（平均）	教师评
职业素养	1	具有良好的沟通交流能力	5			
	2	具有良好的团队合作精神	5			
	3	具有良好的专业行为规范	5			
知识素养	1	掌握快件封装的前期准备工作要求	15			
	2	掌握总包封装的要求	10			
	3	了解总包封装的工作准则	10			
	4	掌握总包堆码的要求	15			
职业技能	1	能够完成快件封装的实训	15			
	2	能够选择合适的方式进行堆码	10			
	3	具有良好的安全操作意识	10			
		小　计	100			
合计 = 自评 20% + 互评 30% + 教师评 50%			组长签字			

思政小故事

任务四　快件发运作业

任务展示

分拣中心的快件完成总包堆码后,开始进入封装发运环节。小青是分拨中心的一名员工,负责组织相关人员把堆码好的快件总包搬运至运输车辆上,并进行发运。小青是如何完成本次快件发运任务的？

本任务学习资料

任务培训

任务准备1：掌握快件发运的定义

快件发运是指在快递企业的统一组织、调度和指挥下,按照运输计划,根据各种运输单据,将快件快速、安全地运达目的地的过程。

任务准备2：了解总包装载的要求

总包装载是快件发运的第一步,其基本要求如下：

（1）装载工作应该由两人或两人以上协同作业。

（2）能够满载时(按载重标志),要从里面逐层码高后再向外堆码,结实打底。较小的总包放在中间压住大袋袋口,或堵放在低凹和空隙处。

（3）数量达不到满载的,先将车厢里层码到最高,再由内向外逐层码低,这样可防止车辆启动、制动过程中堆位倒塌造成混堆,导致错卸或漏卸。

（4）数量达到半载的,里层码放高度可稍低,按照上条所述方式堆码,不可以只装载半车厢,这样会造成前端或后端偏重。

（5）严禁将快件都码放在车厢的左侧或右侧,这样会造成车辆一侧偏重,不利于行车安全。

（6）对途经两个以上装卸点的运输车,要按照"先出后进""先远后近"的原则装载总包,堆位之间应袋底相对,也可用隔离网分隔。分隔方法可两端分隔或逐层分隔。

任务准备3：认识车辆封志

车辆封志是固封在快件运输车辆车门上的一种特殊封志,它的作用是防止车辆在运输途中被打开,保证已封车辆完整地由甲地运到乙地,如图4-13所示。

图4-13　车辆封志

(1) 车辆封志的分类。

① 信息封志：卫星定位系统、地理信息系统。

② 实物封志：封条、封签条、铅封、施封锁。

(2) 建立车辆封志的注意事项。

① 施封前要检查车辆封志是否符合要求，GPS 定位系统是否正常。

② 施封时，场地人员和司押人员必须同时在场。

③ 施封后的车辆封志要牢固，确保不能被抽出或抒下。

④ 施封过程要保证条码完好无损。

⑤ 核对车辆封志的条码与出站快件交接单登记号是否一致。

(3) 建立车辆封志的操作步骤。

建立车辆封志的操作步骤如表 4-18 所示。

表 4-18 建立车辆封志的操作步骤

序号	建立车辆封志的操作步骤
1	车辆的押运人员或驾驶员在总包装载结束后将车门关闭
2	场地负责人将车辆封志加封在车门指定位置，车辆的押运人员或驾驶员监督车辆施封过程
3	将塑料条形码封条插入车辆锁孔中，再穿入条形码封条顶部的扣眼中，用力收紧，并确保施封完好
4	在出站快件的交接单上登记施封的条形码号
5	车辆的押运人员或驾驶员与场地负责人在交接单上签字确认

任务准备 4：认识汽车运输出站快件的交接要求

汽车运输出站快件的交接要求如表 4-19 所示。

表 4-19 汽车运输出站快件的交接要求

项目	操作要求
基本内容	核对交接的总包数是否与交接单上填写的数量相符，所交总包单件规格是否符合要求
	快件的装载配重和堆码情况是否符合车辆安全运行标准
	快件交接单上的发出站、到达站、车辆牌号、驾驶员（押运员）等信息填写是否规范
	交接结束，双方签名盖章，在交接单上加注实际开车时间
使用要求	交接单是在收寄（派送）网点与分拣中心之间，或是在分拣中心和中转站等与航运、铁路、汽运部门和委托运输方之间交接时所使用的单据
	交接单一般登记快件车辆的驾驶人员、发出时间、车次、始发站、经由站、终点站，及所装载快件的数量、重量、快件号码等信息

任务准备 5：掌握快件发运的操作流程

快件发运的操作流程如表 4-20 所示。

表 4-20　快件发运的操作流程

流　程	具　体　操　作
预配交接单	根据前一天的拉货情况和当天的货量，确定当日需配送的货物，柜台人员制作预配交接单
点数装车	根据货物类型，按照公司规定的顺序进行配送：偏线、专线、快线、城际配送、国际货、空运装车
核对异常	根据预配交接单，在装车时核对件数，避免少装、漏装
交接单制作	外场操作员在预配交接单上注明装车情况，柜台人员再根据预配交接单制作相应的交接单
单据检查	柜台人员对出发货物单据（签收单、内部带货财务报表等）进行检查核实
单据交接	柜台人员与驾驶员进行单据（签收单、交接单等）交接，驾驶员核对单据，并在交接单上签名确认，同时柜台人员须在交接单上签名，并保留交接单第三联（黄联），其余两联交给驾驶员
车辆上锁	外场操作员领取一次性锁，对车辆上锁
驾驶员签章	根据车辆签单标准，给驾驶员签发当日车辆所用费用的单据
打卡出发	柜台人员给驾驶员打出发卡

小贴士

现场"8S"管理

"8S"活动的对象是现场的"环境"，它对生产现场环境全局进行综合考虑，并制订切实可行的计划与措施，从而达到规范化管理。"8S"是指整理（SEIRI）、整顿（SEITON）、清扫（SEISO）、清洁（SEIKETSU）、素养（SHITSUKE）、安全（SAFETY）、节约（SAVE）、学习（STUDY），因其日语的罗马拼音均以"S"开头，故简称为"8S"。做任何工作都应有它基本应该遵循的规律，"8S"也不例外。通常我们说"8S"的原则有四个，一是效率化原则，二是持久性原则，三是美观原则，四是人性化原则。

任务执行

步骤1：进行总包堆码

将封装好的快件根据其目的地进行分类堆码，目的地相同的总包集中堆放在一起，易碎的、特殊的快件单独码放，如图4-14所示。

步骤2：安排装车顺序

完成堆码后，进行装车作业。装车的顺序按照"先远后近""先重后轻""先规则后不规则"的原则，装车过程中注意总包安全，如图4-15、

图 4-14　分类堆码

图 4-16 所示。

图 4-15 快件经过安检系统有序装车

图 4-16 大不压小、重不压轻的装车顺序

步骤 3：建立车辆封志

总包装载结束后，由车辆的押运人员或驾驶员将车门关闭。将车辆封志加封在车门指定位置。车辆押运人员或驾驶员监督车辆施封全过程。

步骤 4：签字确认

完成施封后，将施封的条码号登记在出站快件的交接单上。车辆押运人员或驾驶员和场地负责人在交接单上签字确认，如图 4-17 所示。

图 4-17 签名确认

任务评价

在完成上述任务后，教师组织进行三方评价，并对任务实施过程进行点评，指出各组在任务实施过程中的亮点和缺点。学生完成表 4-21 的填写。

表 4-21　任务评价表

组　别				组　员		
任务名称			快件发运作业			
考核内容		评价标准		参考分值	考核得分		
					自评	互评（平均）	教师评
职业素养	1	具有良好的沟通交流能力		5			
	2	具有良好的团队合作精神		5			
	3	具有良好的专业行为规范		5			
知识素养	1	了解总包装载的基本要求		10			
	2	掌握建立车封的步骤		10			
	3	了解快件出站的要求		10			
	4	掌握快件发运的操作流程		10			
职业技能	1	合理安排装车顺序		20			
	2	熟练完成车封的建立		15			
	3	能够完成现场"7S"管理		10			
小　计				100			
合计 = 自评 20%+ 互评 30%+ 教师评 50%				组长签字			

拓展提升

请模拟车辆施封过程，为车牌号为粤 A467H4 的车辆施加车辆封志。快件交接单如图 4-18 所示。

物流序号：0345817563927592

物流方向：广州—天津　　物流司机：王明　　物流时间：20180123 17:00

单据类型：长途物流交接单　　　　　　　　物流单位：广州分拨中心
总数量：2　　　　　　　　　　　　　　　总交接数：1
总计费重量：6.5 kg
车辆封志编号：　　　　　　　　　　　　班车车牌号：

信息处理员：　　　　　　　　　　　　　运输司机签字：
发货方签名：　　　　　　　　　　　　　收货方签名：

图 4-18　快件交接单

思政小故事

习题巩固

项目五

快递派送业务操作

党的二十大报告指出:"尊重劳动、尊重知识、尊重人才、尊重创造。爱党报国、敬业奉献、服务人民。"快递从业人员在工作过程中要学会分析快递服务的含义和种类;能够快速寄递邮件,满足客户对时限的要求;能够为客户提供便捷的快递服务;能够安全、无误地将快件送达收件人手中。

项目目标

知识目标	1. 了解快件派送的定义及快件点数交接流程 2. 了解快件结算的定义、作用、方式及交付清单的填写工作 3. 认识派件的后续流程及快件结算的业务规范 4. 了解派件异常处理的意义和需注意的准则 5. 了解派送路线的定义、设计作用、规划的原则及常用方法 6. 掌握快件投诉处理的内容、定义、准则及快件查询的工作步骤
技能目标	1. 规范完成单证准备、工具准备、形象准备及业务准备工作 2. 规范完成快件点数交接工作 3. 规范完成结算准备、出具交款清单、核对交款清单、交款签字工作 4. 规范完成快件整理、信息登记、复核及移交工作 5. 能够根据公式求得各点间相应的节约里程,并将节约里程按从大到小的顺序排列 6. 能够根据实际运送量合理选择不同载重的车辆 7. 规范完成接受投诉任务、接听投诉电话、记录问题、结果反馈、跟踪评价等工作
素质目标	1. 培养学生精益求精、严谨务实的工作态度 2. 培养学生正确处理突发事件的能力 3. 培养学生坚强的意志品质 4. 培养学生发现问题和解决问题的能力 5. 培养学生树立客户至上的理念

知识图谱

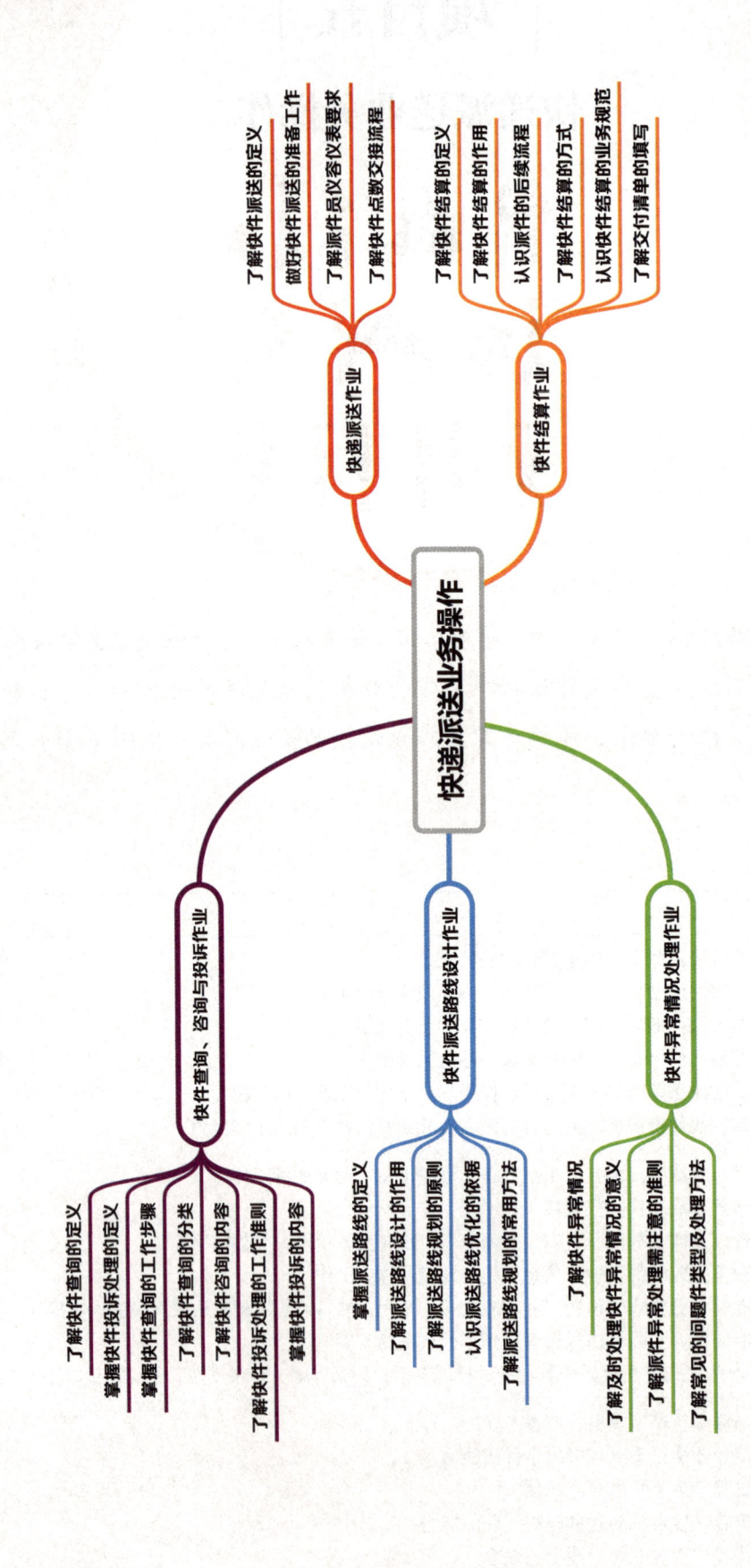

快递派送业务操作

- **快递派送作业**
  - 了解快件派送的定义
  - 做好快件派送的准备工作
  - 了解派件员仪容仪表要求
  - 了解快件点数交接流程

- **快件结算作业**
  - 了解快件结算的定义
  - 了解快件结算的作用
  - 认识快件结算的后续流程
  - 认识快件结算的业务规范
  - 了解交付清单的填写

- **快件查询、咨询与投诉作业**
  - 了解快件查询的定义
  - 掌握快件投诉处理的工作步骤
  - 掌握快件查询的工作内容
  - 了解快件咨询的分类
  - 了解快件咨询的内容
  - 了解快件投诉处理的工作准则
  - 掌握快件投诉的内容

- **快件派送路线设计作业**
  - 掌握派送路线的定义
  - 了解派送路线设计的作用
  - 了解派送路线规划的原则
  - 认识派送路线优化的依据
  - 认识派送路线规划的常用方法

- **快件异常情况处理作业**
  - 了解快件异常情况
  - 了解快件异常情况处理的意义
  - 了解快件异常处理需注意的准则
  - 了解及时处理快件异常的方法
  - 了解常见的问题类型及处理方法

任务一　快件派送作业

任务展示

小丁是一名快递员,一天他从网点取出需要派送的快件准备进行派件。正好这一天是中秋节,他希望能够在下午 5 点前完成所有快件的派送,早点回家和家人过节。请同学们帮小丁想想办法,如何提高快件派送的速度和准确率。

任务准备

任务准备 1:了解快件派送的定义

快件派送是指派件员按照运单信息将快件上门递交至收件人并获得签收信息的过程。快件派送的具体工作内容包括:快件交接,选择派送路线,核实用户身份,确认付款方式,提醒客户签收,整理信息和交款等。

任务准备 2:做好快件派送的准备工作

派送准备是指快件到达营业网点后,业务员要开始为快件派送作业做准备,包括仪容仪表准备、单证准备、工具准备、业务准备和派件交接等。

快件派送工作是快递服务的最后一个环节,派送工作的好坏,直接影响着快递服务质量的高低。因此,派送准备工作显得格外重要,其作用归纳如表 5-1 所示。

表 5-1　派送准备的作用

序　号	派送准备的作用
1	派件员的仪容仪表规范标准,可以提升公司形象
2	检查派件工具,最大限度地避免派送过程中可能出现的各种安全事故
3	派件员在准备过程中要了解公司的最新业务动态,便于及时向客户推荐公司的最新服务产品

任务准备 3:了解派件员仪容仪表要求

派件员在离开营业网点前要检查自己的仪容仪表是否得体,具体要求如表 5-2 所示。

任务准备 4:了解快件点数交接流程

快件点数交接是派件准备工作中的关键环节,其具体内容如表 5-3 所示。

表 5-2 派件员仪容仪表准备要求

序　号	派件员仪容仪表准备要求
1	身着统一制服，服装要整齐干净
2	佩戴工牌
3	衣服袖口须扣上，上衣下摆须束在裤内
4	手腕除佩戴手表外不得佩戴其他装饰物
5	鞋带要系好，保持鞋面干净
6	整理好自己的仪容
7	调整好心态和情绪，争取以饱满的精神状态和积极热忱的面貌出现在客户面前

表 5-3 快件点数交接

快件交接项目		具 体 内 容
核对交接快件数量	核对总件数	根据交接清单核对总数是否与实物数量相符
	核对一票多件快件的件数	根据交接清单检查一票多件的快件，核对实际交接的件数是否与运单注明件数相符
	核对代收货款快件的件数	代收货款的快件需要向收件人收取相应的款项，通常金额较大，存在一定的风险，在交接时通常要求将代收货款快件的数量单独清点，并在派件清单中注明
	核对保价快件的件数	保价快件通常具有较高的附加值，易碎，对客户重要程度高，在交接时需要特别注意
检查交接快件		检查快件外包装是否完好，封口胶纸是否正常，有无撕毁后重新粘贴的痕迹
		查看快件是否有液体渗透情况
		检查快件运单是否脱落、湿损，运单信息是否清晰明了
检查快件收件人姓名、地址		检查派送地址是否超出自身所负责的派送区域
		判断收件人地址是否正确、详细
		检查收件人姓名是否正确、具体
交接签字		派送网点处理人员将快件交接给派件员，派件员对快件进行核对，在相应的派送清单中签字确认

任务执行

步骤 1：单证准备

单证准备包括工作证（见图 5-1）、收据发票、零钱、驾驶证、行车证等。

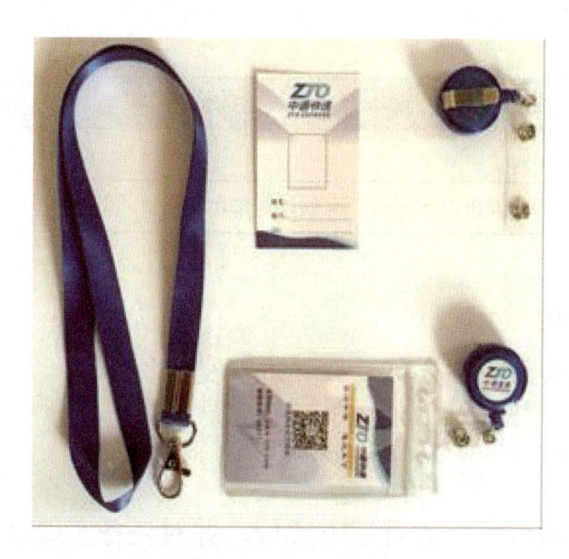

图 5-1　中通工作证

👍 **步骤 2：工具准备**

工具准备包括防雨防潮工具（见图 5-2）、通信工具、常用的交通工具等。

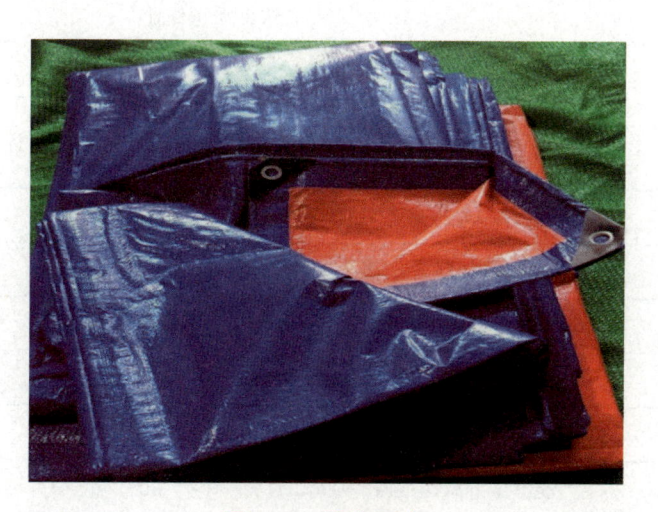

图 5-2　防潮雨布

👍 **步骤 3：形象准备**

派件员在派件前要检查自己的仪容仪表是否得体，确保个人仪容仪表符合规范，要统一穿着公司制服。

👍 **步骤 4：业务准备**

业务准备内容主要包括四个方面，如表 5-4 所示。

表 5-4　业务准备内容

序　号	业务准备内容
1	阅读网点内部宣传栏
2	掌握公司新的业务动态

续表

序　号	业务准备内容
3	了解相关操作通知
4	清楚与自己相关的替换班工作安排，并做好相应的准备

步骤5：快件点数交接

核对快件的数量、包装及收件人信息，并进行交接签字。

任务评价

在完成上述任务后，教师组织进行三方评价，并对任务实施过程进行点评，指出各组在任务实施过程中的亮点和缺点。学生完成表5-5的填写。

表5-5　任务评价表

组　别		组　员				
任务名称		快件派送作业				
考核内容		评价标准	参考分值	考核得分		
				自评	互评（平均）	教师评
职业素养	1	具有良好的沟通交流能力	10			
	2	具有良好的团队合作精神	10			
	3	具有良好的专业行为规范	10			
知识素养	1	熟悉派送流程	15			
	2	熟悉派送内容准备	15			
职业技能	1	能够做好派送准备	20			
	2	能够顺利完成快件点数交接任务	20			
		小　计	100			
合计 = 自评20%+ 互评30%+ 教师评50%				组长签字		

拓展提升

小丁因为着急回家过中秋节，所以在派件的途中没有注意，把一个快件派送到了一个错误的地址。请你为他想想解决办法。

知识加油站

网购已渐渐成为大多数人消费的主要渠道，如何在上班时间家里没人的情况下收取包裹等问题也随之而来。为切实解决社区居民物流"最后一公里"的难题，日前，社区在某公司的资助下，于社区门卫室旁安装了智能提货柜。提货柜的到来受到了广大居民的欢迎，他们不用再为"如何在家附近方便地寄送包裹""上班时间家里没人收件""放在门卫处容易被人误拿"等问题感到担心和烦恼，并希望像这样的惠民工程能够多起来。

电子菜箱：在社区、小区内设立"报箱式"蔬菜投送柜，实现无店面、无人交付式的蔬菜直销零售模式。

优点：购物便利、信息及时、干净环保、安全保鲜、省时省钱。

操作模式：

（1）客户通过网上购物系统完成网上物品订购、网上支付等流程，售货方将送货单（附条形码）贴在货物包装上。

（2）送货员拿着送货单，在电子储物柜或保温柜的红外线扫描器上扫描后，电子储物柜控制器将自动检索空箱柜，此箱门自动弹开。送货员将客户物品放置于已开箱门的箱格内后关上箱门便完成投递。

（3）系统随即自动将客户物品的条形码、箱号、门号、送达时间等信息通过GPRS模块上传到服务器，服务器管理中心软件通过物品条形码，在系统中查询出客户的手机号和会员卡号。

（4）如果会员卡号不是空的，管理软件会以会员卡号为开箱密码。客户可以通过扫描会员卡条码开箱，也可以手动输入会员卡号开箱；如果会员卡号是空的，管理软件会自动生成客户开箱密码，客户便可手动输入密码开箱。

（5）以上信息确认以后，服务器通过GPRS发送箱号、柜号、密码、送达时间等信息短信给客户，客户凭会员卡号（如果是网购公司会员）或密码开箱取物（如图5-3所示）。

（6）客户通过会员卡号或密码开箱取物，使用一次后即失效，同时释放相应箱格。客户开箱取物的时间、图像等信息即刻会自动上传到管理中心存档。

图5-3 电子菜箱

思政小故事

任务二　快件结算作业

任务展示

小丁完成了一天的派件，现在公司要求他回到网点进行当天派件量的结算，请你协助他一起完成快件的结算。

任务准备

本任务学习资料

👍 **任务准备1：了解快件结算的定义**

快件结算是指派件员返回营业网点后及时上缴从客户处取得的到付款和代收款，并根据运单逐票核对款项，与营业网点主管进行货款交接。

👍 **任务准备2：了解快件结算的作用**

（1）快件结算是派件流程中的最后一个环节，是派件员当天派件工作的重要环节。

（2）及时进行快件结算是营业网点正常运营的重要保障，有利于营业网点资金的正常运转。

👍 **任务准备3：认识派件的后续流程**

快件结算 → 快递信息录入 → 移交剩余快件 → 单据处理

图5-4　快件结算的基本流程

派送后续工作流程如图5-4所示，其工作流程要点如下：

（1）派件员完成当天派件后，收到的货款要核算清楚后全部上缴，每天清算一次。

（2）当天派送完毕后，所有已经签收的单子要全部上交，并录入派送相关信息；问题件和相应的货物也要一起上交，货物要根据问题件的具体原因放在指定位置，以便跟踪处理。未来得及派送的单子要上交，货物可以不卸下车，第二天继续派送。

（3）派件员要在所有已经签收的单子上写下自己的名字，以便后续查问。当天收到的快件和货款要单独放置，并及时上交。

任务准备 4：了解快件结算的方式

快件的结算方式有很多种，常用的有现付、到付、月付、第三方支付和其他支付方式，如表 5-6 所示。

表 5-6　快件的结算方式

方　式	运　行　细　节
现付	运费由发件方支付，业务员上门收货时发件方支付运费
到付	运费由收件方支付，业务员上门派件时收件方支付运费
月付	汇总一个月支付方应付的运费。快递公司出具结算单后，支付方以月为单位统一支付运费。这是针对快递量较大的公司或个人。一般月付需要和快递公司签业务合同，以保障双方合法权益
第三方支付	到付的另外一种情况。例：A 公司寄货到 B 公司，运费由 C 公司支付，但 C 公司必须和承运的快递公司有月结协议。这种支付方式常用于国际快递
其他方式支付	货到付款（确认货物收件人收到后再由发件方支付运费），旬结（和月结的概念差不多）等

任务准备 5：认识快件结算的业务规范

在常见的几种快递结算方式中，现付和到付都是需要经业务员操作结算的，所以业务员要熟悉到付和现付两种结算方式的业务规范，如表 5-7 所示。

表 5-7　到付和现付两种结算方式的业务规范

序　号	业务规范要求
1	确认所派送快件为到付快件还是现付快件
2	①在客户签收前，仔细核对快件货款金额是否相符； ②如发现问题，应及时通知客服人员与寄件方联系确认，同时礼貌地向客户做出相关解释，如确认无误后应致歉； ③如果无法及时确认，应征得客户同意，表示在确认后第一时间将快件送到，特殊情况下可请收件客户直接联系寄件方协助处理
3	如果对方付的是现金，应当面点清金额，辨别纸币真假
4	将收到的款项及时交给公司财务部

任务准备 6：了解交付清单的填写

应收款项包括运费、代收货款、增值服务费，其中增值服务费是指快递公司向客户提供增值服务项目所收取的费用，如表 5-8 所示。

表 5-8　快递交付清单

序　号	运　单　号	应收款项（元）	应收营业款（元）	实收营业款（元）	异　常　说　明
1	75157935386691	15	15	0	货到付款
2	71572186107796	20	20	20	
3	71578602108237	12	12	0	货到付款
4	71575760181305	10	10	10	
5	71579724368589	25	25	25	
	合计（元）：82		82	55	27（到付）
	收款人：			交款人：×××	

任务执行

步骤1：结算准备

快件结算准备工作包括三个方面，如表5-9所示。

表5-9 结算准备工作

序 号	结算准备工作内容
1	清点运单（结账联）数量
2	根据运单再次逐票核对款项
3	填写交款清单

步骤2：出具交款清单

快递员小丁向营业网点主管出具交款清单。

步骤3：核对交款清单

逐项核对每一笔款项，特别是应收账款和代收货款。

步骤4：交款签字

核对无误后，交接双方要在交款清单上签字确认。

任务评价

在完成上述任务后，教师组织进行三方评价，并对任务实施过程进行点评，指出各组任务实施过程中的亮点和缺点。学生完成表5-10的填写。

表5-10 任务评价表

组 别			组 员			
任务名称			快件结算作业			
考核内容		评价标准	参考分值	考核得分		
				自 评	互评（平均）	教师评
职业素养	1	具有良好的沟通交流能力	10			
	2	具有良好的团队合作精神	10			
	3	细心、条理清晰	10			
知识素养	1	熟悉快件结算的流程	15			
	2	熟悉快件结算的方式	15			
职业技能	1	能够正确填写交款清单	20			
	2	能够顺利完成货物结算实训	20			
小 计			100			
合计 = 自评20%+ 互评30%+ 教师评50%			组 长 签 字			

拓展提升

快递员小丁在完成派件后，回到网点进行核算时，发现结算款少了 50 元。经核查发现，原来发往山东的一个快件应该是预付的，但是他忘了向客户收款。请你帮小丁想想办法，如何减少损失？

思政小故事

任务三　快件异常情况处理作业

任务展示

某天派件员小丁在派件的过程中发现有两个快件的收件人地址填写错误，还有一个快件由于外包装破损严重被拒收。请问，小丁应该如何处理这些异常情况呢？

本任务学习资料

任务准备

👍 **任务准备 1：了解快件异常情况**

快件异常情况是指因为种种原因导致收件人未能及时、顺利地签收快件的情况。快件寄出的目的就是让收件人签收，只有快件不能被收件人正常签收才是快件异常情况。

👍 **任务准备 2：了解及时处理快件异常情况的意义**

在快递服务过程中，会因各种因素造成一些差错和意外，如快件丢失、延迟送达、信息滞后等，这些差错和意外，会引起客户对快递企业服务的不满和投诉。对这些差错和意外，若处理得当，则会加深客户对快递企业诚信度等方面的认识，增进客户与快递企业的感情；若处理不当，则会使客户对快递企业形成负面的印象，损坏快递企业的形象。因此，及时有效地处理派送环节中出现的问题件显得格外重要，可以从几个角度归纳，如表 5-11 所示。

表 5-11　及时有效处理派送环节中问题件的意义

角　　度	及时有效处理问题件的意义
客户视角	最大限度地减少客户损失，有利于降低客户的投诉率，留住客户
快递企业视角	减少企业损失，有利于维护企业形象
派件员视角	明确责任划分，有利于维护派件员自身利益，提高派件员自身素质和业务处理能力

任务准备 3：了解派件异常处理需注意的准则

派件员在处理派件异常情况时，一定要注意以下准则：

（1）在派件过程中，遇到自己不熟悉的异常情况时，切勿自作主张，应向公司或网点客服部寻求帮助。

（2）处理派件异常情况时，要保持头脑清醒，冷静对待，切勿烦躁，以免影响快件派送服务的质量。

（3）遇到收件人抱怨时，应耐心聆听并积极引导解决，切勿与之争辩。

（4）派件过程中遇到自然灾害或者其他事故时，应优先考虑自己的人身安全。

任务准备 4：了解常见的问题件类型及处理方法

派件员在派件过程中会遇到各种各样的问题，其异常类型及处理方法如表 5-12 所示。

表 5-12　派件异常类型及处理方法

类　　型	处　理　方　法	图　　例
快件外包装破损	① 外包装破损但没有影响托寄物的实际使用，如客户愿意签收并且不追究责任，做正常派件； ② 若客户要追究责任，向客户道歉并征求客户解决问题的意见。客户未签收的，须在手持终端上备案，并将快件带回营业部进行拍照登记并上报客服部；客户已签收的，须在手持终端上备案，并由营业部负责人安排专人至客户处对破损快件进行拍照登记，并且必须在一个工作日内核实快件破损的真实情况，拍照必须包括外包装照片、填充物品照片和损坏物品照片	
收件方地址不详或错误	① 派件员须在出仓后半个工作日内上报客服部投诉，逾期未投诉且派送不成功的由派件员承担责任； ② 派件员根据运单上的收件人电话在派送前与收件人联系，并询问详细地址，约定时间上门派件； ③ 若因电话无人接听、号码为传真号码、电话号码不全、电话号码错误等导致派件员联系不到收件人，派件员须在手持终端上备案，并报营业部仓管员处理； ④ 若正确的地址在该派件员的服务区域内，须按正常派送流程派送，并保证派送时效；若正确的地址不在该派件员的服务区域内或当班次内未接到客服部的反馈，须将快件带回营业部交仓管员跟进	
快件付款方式不明	若付款方式不明，派件员须将快件交仓管员核实上报，仓管员须在当班次派件出仓前上报客服部： ① 若出仓派件前能核实确认，须将核实后的付款方式明确标注，并加盖"更改确认章"，按核实后的付款方式及时派送； ② 若无法在出仓派送前核实确认，该票快件的付款方式可默认为寄付，按正常派送流程进行派送，可能造成的运费损失由收取该票快件的寄件方派件员承担	

续表

类　型	处　理　方　法	图　例
客户搬迁或客户离职	（1）若客户搬迁或客户离职，须立刻在手持终端上备案并上报客服部，待客服人员确认后方可派送： ① 若客服人员在当班次内通知可派送和具体的派送地址，派件员应及时完成该快件的派送； ② 若客服人员未在当班次内确认，须将快件带回营业部交仓管员处理。 （2）若月结客户搬迁，派件员除完成上述操作外，须将客户搬迁的相关信息告知营业部负责人及同一收派区域不同班次的同事	
客户拒付、拒收	① 派件员须询问客户拒收、拒付的原因，并在运单备注栏中写上拒收、拒付原因和日期，请客户在"备注栏"内签名； ② 在手持终端上备案并将信息上报客服部备案，将快件带回营业部交仓管员跟进	
派错件	（1）派件员将情况及时向营业部负责人汇报，严禁私自隐瞒处理。 （2）派件员及时赶至错派客户处向客户致歉并说明错派的原因： ① 取回快件：尽快将快件派送给正确的客户； ② 无法取回：立即致电通知客服部并联系营业部负责人，反馈处理情况	
至客户处，发现客户不在	（1）派件员根据运单的收件人电话与收件人取得联系： ① 若客户指定代收人，由代收人签收快件，必须确认代收人的身份； ② 若客户不指定代收人，则与客户约定再派时间并在备注栏内注明：约定时间在当班次内，按约定时间上门派送。约定时间超出当班次时间，将快件带回营业部交仓管员跟进。 （2）派件员未能联系到收件人，须留下"再派通知单"，在手持终端上备案并将快件带回营业部交仓管员跟进。 （3）严禁在无人签收的情况下，把快件放在客户处或者门卫处	
大件、超大件或多件货物派送	（1）清点快件件数； （2）致电客户，约定派送时间； （3）如果是到付现结快件，须提醒客户准备运费并询问客户是否需要发票，做好派件前准备工作； （4）将快件装车，规划线路，进行派送； （5）签收时，须请客户清点快件的件数，确保件数无误	
客户催派快件	（1）若快件未出仓或尚未到达营业部，客服部通知相应的仓管员安排优先派送。 （2）快件已出仓，正在派送途中，客服部通知相应的派件员安排优先派送。 （3）派件员接到客服部通知后： ① 对所催快件进行优先派送； ② 告知客服部预计派送时间； ③ 如果派件员不能及时派送，须致电客户说明情况	

续表

类　　型	处　理　方　法	图　　例
快件滞留，再次派送的	（1）滞留件派送前须清楚上一次快件滞留的原因及处理结果； （2）将滞留件视作正常派件，按正常派件流程安排派送，严禁故意拖延	
快件派送途中遗失	（1）立即上报营业部负责人及客服部，若不知道遗失件单号，请营业部负责人或者客服部人员协助查找遗失件单号； （2）在不影响其他快件安全和派送时效的情况下，派件员应返回可能丢失快件的地方寻找快件； （3）当班次内无法找回快件，须及时告知客户快件状况，并做好解释工作	

任务执行

步骤1：整理放好快件

把无法派送的快件单独整理放好，防止丢失。

步骤2：登记无法派件的信息

详细记录无法派件的信息，特别是要记录清楚无法派件的原因。

步骤3：返回营业网点后复核

回到营业网点后，再次复核问题件信息。

步骤4：移交

最后，将问题件与营业网点操作专员进行交接，具体流程如下：

（1）操作专员先清点运单数量和问题件数量，将这两个数相加的总数与派送清单上的总数进行对比，确保总数一致；

（2）检查问题件的产生原因，与派件交接单上标注的信息要一致；

（3）扫描单号，同时将问题件信息详细、准确、及时地录入系统；

（4）交接双方在派送清单上签字。

任务评价

在完成上述任务后，教师组织进行三方评价，并对任务实施过程进行点评，指出各组在任务实施过程中的亮点和缺点。学生完成表5-13的填写。

表 5-13　任务评价表

组　别			组　员			
任务名称			快件异常情况处理作业			
考核内容		评价标准	参考分值	考核得分		
				自评	互评（平均）	教师评
职业素养	1	具有良好的沟通交流能力	10			
	2	具有良好的团队合作精神	10			
	3	具有良好的专业行为规范	10			
知识素养	1	明确异常件的处理准则	15			
	2	熟悉问题件类型及处理方法	15			
职业技能	1	熟悉异常件的处理步骤	20			
	2	能够独自处理问题件	20			
		小　计	100			
合计 = 自评 20%+ 互评 30%+ 教师评 50%			组 长 签 字			

拓展提升

派件员小丁在派件的过程中，有 5 件快递经客户拆包检验，发现货物损坏，所以被拒收。请问，小丁要如何处理这些拒收件呢？

知识加油站

快递车起火，当"双十一"快递遭遇"意外"，谁来赔？

2018 年 11 月 14 日 7 时 12 分左右，重庆市交通行政执法总队高速公路第一支队第五大队执法人员突然接到报警称，G85 银昆高速合川区清平镇路段一辆快递货车起火。

合川区消防支队立即调派辖区凤翔路中队 2 辆消防车和 16 名消防指战员赶赴现场救援，同时调动就近的土场镇和三汇镇专职消防队支援。

8 时左右，两支专职消防队率先赶到现场，立即展开灭火救援行动。大约 10 分钟后，专职消防队员扑灭了明火，并逐一对车厢内存放的快递进行余火清理。火势被完全扑灭后，现场快递公司人员清点后发现，货车内的快递所剩无几，所幸没有造成人员伤亡。

"车是早上从重庆空港转运站发出的,开往四川广安市分拨中心。"当事人快递货车驾驶员介绍,车厢内装的都是"双十一"货物。当行驶至银昆高速合川区清平镇路段,他从后视镜发现货箱冒出浓烟,于是把车停放在路边,下车准备检查。然而,当他打开车厢翻找火源时,突然冒出明火,火势蔓延速度极快,很快就将整个车厢引燃,无法控制,只能拨打119电话求助。

经清理,车内的快递包裹大部分被烧。

包裹没有保价怎么赔?

按照惯例,保价的按保额赔偿,未保价的需要协商,如果是网购订单,协商起来就容易一些,一般按照订单价赔偿。

在快递业中,网购订单因为直接标明了商品的价格,通常是按照订单显示的商品价格进行赔偿。对此惯例,记者通过公开渠道查询发现,涉事的快递公司在此前的运损赔偿案例中也予以认可。

《快递市场管理办法》规定,在快递服务过程中,快件(邮件)发生延误、丢失、损毁和内件不符的,经营快递业务的企业应当按照与用户的约定,依法予以赔偿。

企业与用户之间未对赔偿事项进行约定的,对于购买保价的快件(邮件),应当按照保价金额赔偿。对于未购买保价的快件(邮件),按照《邮政法》《合同法》等相关法律规定赔偿。通常,对于贵重物品,快递公司在寄件的时候就明文建议进行保价,如果没有保价,通常就是论斤赔偿或者按照运费的数倍进行赔偿。当然也可以和快递公司具体协商。

谁赔偿运输途中受损的包裹?

《合同法》规定,承运人对运输过程中货物的毁损、灭失承担损害赔偿责任,但承运人证明货物的毁损、灭失是因不可抗力、货物本身的自然性质或者合理损耗以及托运人、收货人的过错造成的,不承担损害赔偿责任。

消委相关人士表示,快递在运输过程中发生意外的,直接受损的是快递的寄件方,应按照"谁揽收谁赔偿"的原则先行赔偿。

思政小故事

任务四　快件派送路线设计作业

任务展示

小丁所在的配送中心（P_0）要完成 6 个客户（$P_1 \sim P_6$）的货物配送，每个客户的配送重量如图 5-5 所示。配送中心有载重 2 t 和载重 4 t 的车若干辆，试试帮小丁设计一下派送路线，使派送距离最短、用车最少。

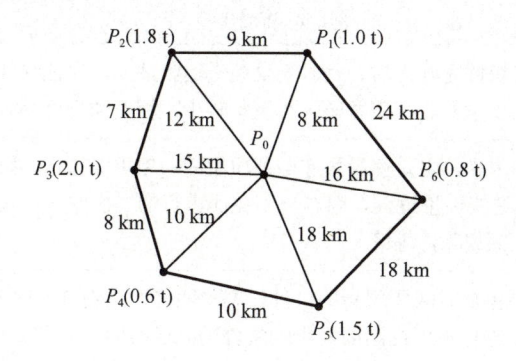

图 5-5　客户配送重量分布

本任务学习资料

任务准备

任务准备 1：掌握派送路线的定义

派送路线是指将派件员在派送快件时所经过的地点和路段按照先后顺序连接起来所形成的路线，如图 5-6 所示为规划后的派送路线。

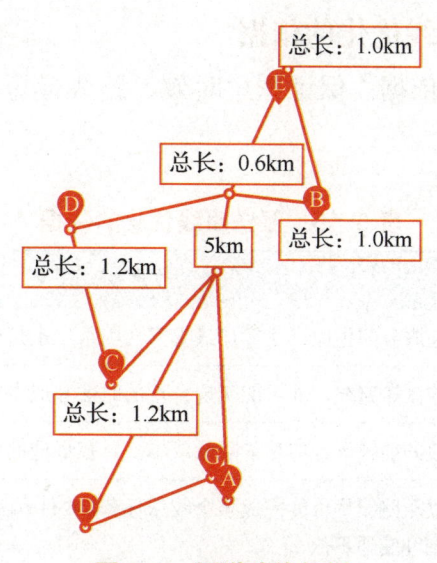

图 5-6　派送路线规划

任务准备 2：了解派送路线设计的作用

合理设计派送路线，首先，有利于满足快件的时效性要求，实现派送承诺；其次，能节省派件员的行驶和派送时间，可以减少派件员的劳动强度，提高派件员的劳动效率；最后，可减少空白里程，减少车辆损耗，节省派送运输成本。

任务准备 3：了解派送路线规划的原则

在设计派送路线时要遵循一定的原则，如表 5-14 所示。

表 5-14　派送路线设计的原则

设 计 原 则	要 点 说 明
保证快件安全	快递服务的宗旨是将快件完好无损、及时安全地送达收件人。保证快件安全的原则要求选择的路况要好（路面质量好、车道宽敞、车流量较少、坡度和弯度小）
保证快件派送时效	时效是客户最重视的因素，也是衡量快递服务质量的一项重要指标。影响派送时限的主要因素包括：当班次派送快件量过大，因客户不在而进行的二次派送，天气、交通管制等不可抗力因素，派送车辆故障，等等
优先派送优先快件	优先派送的快件主要包括时限要求高的快件、客户明确要求在规定时间内派送的快件、二次派送的快件。为了避免不可控制因素影响快件的派送时限，有需要优先派送的快件，应优先派送
优先派送保价快件	为了降低风险，在不影响其他快件派送时限的情况下，优先派送保价快件
先重后轻，先大后小	由于较重的或体积大的快件在装卸搬运时劳动强度大，优先派送，既可以减少全程派件的作业难度，也可以减少车辆的磨损和能耗
减少空白里程	为了减少空白里程，需要做好以下几个方面的工作：快递员应熟悉派送范围内每条路段、街道所包含的门牌号；快件排序时，注意将同一个客户的多票快件排在一起，统一派送；对于同一派送路段，应掌握多条派送路线，选择最短路径进行派送；及时掌握派送路段内的交通和路况信息，避免因交通管制或道路维修而绕道，增加空白里程

任务准备 4：认识派送路线优化的依据

优化派送路线有四个基本依据：保证派送时效、路线最短、最低成本和减少空白里程。如表 5-15 所示。

表 5-15　派送路线优化的依据

依　据	要 点 说 明
保证派送时效	时效是快递服务的生命，是客户最忠实的因素，也是衡量快递服务质量的一项重要指标
路线最短	只有最短的派送路线，才可能实现合理的时效和成本
最低成本	在保障时效的前提下，应尽量降低成本，寻找最低的成本路线
减少空白里程	就是一条收派路线尽可能完成多个收派任务，收件和派件结合，及时掌握派送时的交通状况，避开交通管制和交通事故

任务准备 5：了解派送路线规划的常用方法

（1）直观法。

派送路线规划的方法相对较专业，但在目前大多数情况下，网点收派片区的收派线路较短，多数位于市区，在实际应用中比较常用的方法是直观法。直观法是通过经验及直接观察确定行车路线。例如，对于空间层次分明的网点，可采用直观推理的方法，尽量采取水滴形派送路线，避免线路交叉。如图 5-8 所示的派送路线要优于图 5-7 所示的派送路线。

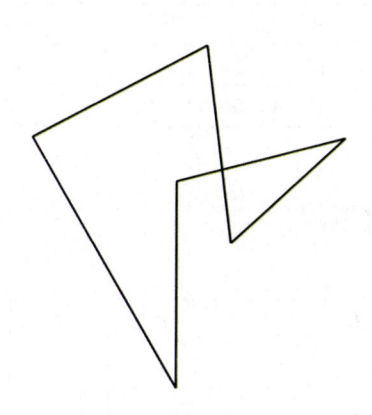

图 5-7　派送路线出现交叉　　　图 5-8　派送路线无交叉

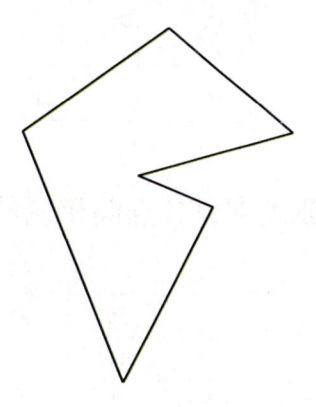

（2）节约里程法。

节约里程法的核心思想是依次将运输问题中的两个回路合并为一个回路，每次使合并后的总运输距离减小的幅度最大，直到达到一辆车的装载限制时，再进行下一辆车的优化，如图 5-9 所示。

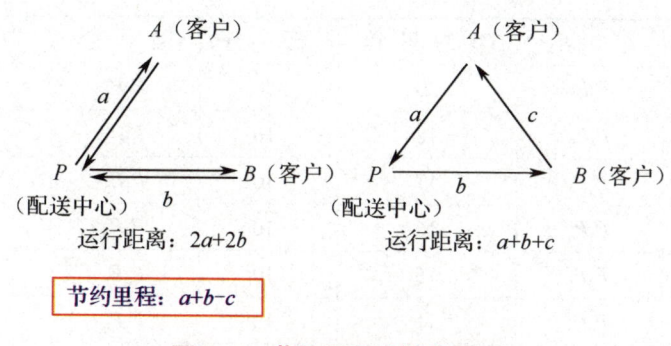

图 5-9　节约里程法基本原理

利用节约里程法确定派送路线的主要出发点在于，根据配送中心的运输能力和配送中心到各个客户以及各个客户之间的距离来制订使用的车辆运输的吨公里数最小的配送方案。另外还需满足以下条件：①所有客户的要求；②不使任何一辆车超载；③每辆车每天的总运行时间或行驶里程不超过规定的上限；④客户到货时间要求。

> 任务执行

👍 **步骤1：列出各点间的所有里程数**

	P_0	P_1	P_2	P_3	P_4	P_5	P_6
P_1	8						
P_2	12	9					
P_3	15	16	7				
P_4	10	18	15	8			
P_5	18	26	25	18	10		
P_6	16	24	28	31	26	18	

👍 **步骤2：根据公式求得各点间相应的节约里程**

	P_1	P_2	P_3	P_4	P_5	P_6
P_2	11					
P_3	7	20				
P_4	0	7	17			
P_5	0	5	15	18		
P_6	0	0	0	0	16	

👍 **步骤3：将节约里程按从大到小的顺序排列**

顺 序	组 合	节约里程	顺 序	组 合	节约里程
1	P_2P_3	20	9	P_2P_5	5
2	P_4P_5	18	10	P_1P_4	0
2	P_3P_4	17	10	P_1P_5	0
4	P_5P_6	16	10	P_1P_6	0
5	P_3P_5	15	10	P_2P_6	0
6	P_1P_2	11	10	P_3P_6	0
7	P_1P_3	7	10	P_4P_6	0
7	P_2P_4	7			

👍 **步骤4：根据实际运送量合理选择不同载重的车辆**

根据所节约里程的大小，按顺序连接各配送站点，形成两个派送路线，如图5-10所示。

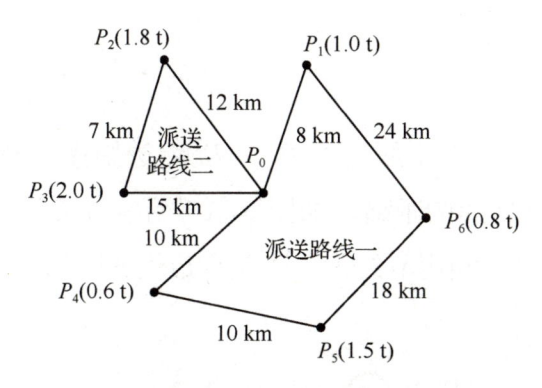

图 5-10　派送路线

派送路线一：$P_0—P_4—P_5—P_6—P_1—P_0$

运量：1+0.8+1.5+0.6=3.9（t），需用一辆载重 4 t 的车。

运距：10+10+18+24+8=70（km）

派送路线二：$P_0—P_2—P_3—P_0$

运量：2+1.8=3.8（t），需用一辆载重 4 t 的车。

运距：12+7+15=34（km）

任务评价

在完成上述任务后，教师组织进行三方评价，并对任务实施过程进行点评，指出各组在任务实施过程中的亮点和缺点。学生完成表 5-16 的填写。

表 5-16　任务评价表

组　别			组　员		
任务名称			快件派送路线设计作业		
考核内容		评价标准	参考分值	考核得分		
				自评	互评（平均）	教师评
职业素养	1	具有良好的沟通交流能力	10			
	2	具有良好的团队合作精神	10			
	3	具有良好的专业行为规范	10			
知识素养	1	熟悉派送线路规划的原则	15			
	2	熟悉派送路线优化的依据	15			
职业技能	1	能用直观法设计派送线路	20			
	2	掌握节约里程法	20			
小　计			100			
合计 = 自评 20%+ 互评 30%+ 教师评 50%			组长签字			

拓展提升

已知某快递分拨中心 P_0 向 5 个配送站 $P_1 \sim P_5$ 配送快递,其配送路线网络、分拨中心与配送站的距离以及配送站之间的距离,如图 5-11 所示。分拨中心有 3 台载重 2 t 的卡车和 2 台载重 4 t 的卡车可供使用,利用节约里程法制订最优的配送方案。

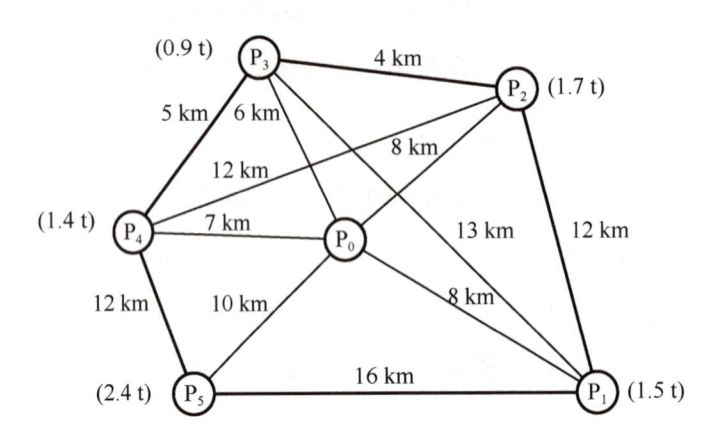

图 5-11 配送路线网络分布

知识加油站

京东无人配送车来了

随着科技的飞速发展,现在的通信和交通都非常方便了。拿汽车行业来说,京东最近就测试了自己的无人配送车(见图 5-12),在中国人民大学顺利完成了首单配送任务,让不少老司机纷纷担心:完了,要失业了……

据了解,京东无人配送车有两种,主要是体积上有较大差别。小型无人车有五个格子,可以放 5 件快递,每天能配送 10~20 单,一次充电可以保证续航 20 km。大型无人配送车一次能送 6 件快递,一次充电可以续航 80 km。这次测试的无人配送车,第一次只完成了一单的配送,等实际投入使用之后,无人配送车每次会投放多个快递。

这样一来,完成一次完整的配送,时间可能会比较长。不过无人配送车是真的方便,当工作人员把快递放入车上的存储箱后,云端就能自动识别并且在客户端显示出包裹。

进入最后的配送阶段,无人配送车还会自动给客户的手机发送短信:"我是京东智能配送车,正在全速为您配送订单。"到达目的地后,会再发送一条短信:"抓紧哦,30 分钟见不到您,我就自己先回家啦!"

图 5-12　京东无人配送车

思政小故事

任务五　快件查询、咨询与投诉作业

任务展示

派件员小丁因为派件工作出色，现被调到客服部处理快件查询和投诉。小丁很忐忑，他担心自己不能胜任这个工作。请你为小丁支招，如何才能做好这份快件查询与投诉的客服工作？

任务准备

任务准备1：了解快件查询的定义

快件查询是指快件收件人或发货人对在途的快件进行查询，物流公司客服人员根据查询人提供的快递单号和相关信息通过系统查询并且把查询结果反馈给查询人的过程。

任务准备2：掌握快件投诉处理的定义

快件投诉处理是指客服中心接收到客户的投诉后，记录投诉内容并且对相关信息进行核查，最后将核查情况和处理结果通过客服中心反馈给客户。

任务准备3：掌握快件查询的工作步骤

要顺利地完成快件查询工作并让客户满意，规范查询工作的步骤很关键。快件查询的工作步骤如表5-17所示。

表 5-17　快件查询的工作步骤

步　　骤	说　　明
选择查询方式	电话查询、网络查询、前台查询
确定查询分类	一般情况下分延误、无单号、有结果等查询类型
处理查询问题	根据客户的查询要求，采取合理的方式进行处理
反馈查询结果	用最合理的方式在合理的时间内将查询结果告知客户

任务准备 4：了解快件查询的分类

在处理快件查询时，一般会遇到各种情况，常见的快递查询分延误的查询、无结果的查询、有结果的查询、查询转为投诉、无单号的查询和同行单号的查询等情况，遇到这些情况，我们要灵活处理，如表 5-18 所示。

表 5-18　快件查询的分类

查询分类	处理方式
延误的查询	根据客户提供的单号在系统中找出延误的原因，给客户一个回复的时间，在承诺的时间内通过营业部或分拨中心把问题解决后，再次答复客户。如果能直接找到延误的原因或准确到达的时间也可以直接回复客户
无结果的查询	客户提供的单号在内网上只有发出的记录，没有任何其他相关的数据，客服人员要耐心地向客户做好解释工作，要安抚客户"一般情况下会安全的，不要过于担心"等，并尽快帮助客户解决，同时要问清收件的具体地址，并告知客户回复的时间，在承诺的时间内去处理问题并及时回复客户
有结果的查询	对于有结果的查询，可以立即回复客户
查询转为投诉	面对在查询后对结果不满意或者先查询后投诉的客户，要认真地做好每个步骤的工作，把结果如实地告诉客户，按查询流程处理。如果转变为投诉，则按客户投诉的流程处理
无单号的查询	对于无单号查询的客户，我们要给予理解，尽可能地根据客户提供的信息查找面单留存联。如果面单留存联没有查到，则要耐心地向客户说明我们的查件流程和计算机系统的生成问题，如"没有单号是不能进入计算机系统去查询的"。不能只是简单地对客户说"对不起，没有单号我们是不受理的，再见"之类的言语
同行单号的查询	要礼貌地提醒客户所报的单号不属于本公司的快递单号，本公司的单号有特殊形成的编码。在适当的时候要询问客户还有什么需要为其服务的，争取给客户留下好的印象

任务准备 5：了解快件咨询的内容

一般快件咨询的内容主要有四类，如表 5-19 所示。

表 5-19　快件咨询的内容

内　　容	处 理 办 法
派送地域范围	快递业也有触及不到的地方，比如一些偏远地区或者农村地区，很多的快件都无法实现上门派送，这时候要详细告诉客户这些情况，并且告知最近的代收点，让客户自行选择是否寄件
快件送达时间	遇到此类的快件咨询时，要根据路程和运输方式的不同，告知客户正常情况下的大约送达时间，切勿给出肯定的送达时间，以免产生后续的投诉

续表

内　容	处　理　办　法
快递的费用	告知客户本公司的收费标准，包括首重的价格，以及后续计费按重量（体积）计算的方式
禁运品	快递业一般情况下是不接受危险品、腐蚀品和易燃易爆物品的寄送的，这种情况下要根据客户提供的快件类别进行合理判断，若采用航空运输方式，则对于货物的类别还有更加严格的要求

任务准备6：了解快件投诉处理的工作准则

在处理快递投诉活动时，客服人员的处理方法直接影响着客户对公司的印象，因此客服人员在处理投诉时，一定要注意以下工作准则：

（1）遇到客户情绪激动时，应耐心倾听客户诉说，不要强行打断；

（2）在处理投诉时，切勿让快递公司相关责任人与客户当面协调处理，避免投诉事件的升级；

（3）投诉处理完毕后，要对客户进行跟踪调查，了解他们的满意度；

（4）记录投诉内容要简明、真实，遇到问题切勿自作主张。

任务准备7：掌握快件投诉的内容

随着快递业的发展，对于快递的投诉情况也越来越多，快件投诉的内容大致可以分为四种，如表5-20所示。

表5-20　快件投诉的内容

情　况	说　明	处　理　方　法
服务态度差	一般投诉对象多为业务人员和客服人员	要对客户进行安慰和道歉，告诉客户我们会进行调查和处理，并留下客户的联系方式，及时反馈处理结果
快件延误	没有准时把客户的快件送达目的地，引起客户不满。具体分为以下情况：（1）客观因素延误，如天气恶劣或交通事故等；（2）人为因素延误，如业务员没有及时派送；（3）硬性因素，如电话不通、地址错误等	遇到这些类型的延误，不管是什么原因造成的，都必须给客户一个合理的解释和解决方案，并准时把快件送达。如果造成经济损失的，客户要求赔偿时，应该根据《快递行业服务标准》进行赔偿
快件丢失	造成丢失有可能是运输过程中的遗失，或业务员偷窃等因素	根据《快递行业服务标准》中的相关规定与客户协商并酌情进行合理赔偿
快件损坏	多数快件要经过多次转运装车，在各个运送过程中也会遇到从业人员的野蛮操作	（1）包装原因造成的，要了解发件时快件是客户包装的还是业务员包装的，如果是客户包装的，原则上不予理赔；（2）在运输过程中或由于网点原因所造成的损坏，在没有保价的前提下按照《快递行业服务标准》中的规定理赔；（3）在快件已经签收并且业务员离开之后再要求快递公司赔偿的，快递公司应当礼貌地拒绝客户此类请求

任务执行

步骤1：接受投诉任务

王天有一个快件要从广州快递到北京，快递员承诺5天内能到，但是已经过去8天了，快件一直显示在派送状态，仍然没有签收。王天打电话到该物流公司进行投诉。

步骤2：接听投诉电话

运用礼貌用语接听王天的投诉电话。

步骤3：记录问题

详细记录客户反馈的问题，并且提交到相关部门进行处理。

步骤4：反馈处理结果

及时跟进相关部门的处理结果，并且及时把结果向王天进行反馈，催促网点（派件员）及时派件。

步骤5：跟踪评价

后续对客户进行跟踪调查，并让客户对投诉的处理结果做出评价。

任务评价

在完成上述任务后，教师组织进行三方评价，并对任务实施过程进行点评，指出各组在任务实施过程中的亮点和缺点。学生完成表5-21的填写。

表5-21 任务评价表

组 别		组 员			
任 务 名 称		快件查询、咨询与投诉作业			
考核内容		评价标准	参考分值	考核得分	
				自评	互评（平均）	教师评
职业素养	1	具有良好的沟通交流能力	5			
	2	具有良好的团队合作精神	5			
	3	具有良好的专业行为规范	10			
知识素养	1	掌握快件查询的内容	15			
	2	熟悉快件咨询的内容	10			
	3	掌握快件投诉处理的方法	15			
职业技能	1	掌握快件投诉处理的技巧	20			
	2	顺利完成快件投诉处理	20			
小 计			100			
合计 = 自评20%+ 互评30%+ 教师评50%			组 长 签 字			

拓展提升

家住广州的小张要送家住桂林的小天一条价值1万元的铂金项链，通过快递的方式进行寄送。6天后，小天告诉小张，她收到快递后拆箱验收，发现铂金项链断开了一半，于是他们决定打电话到快递公司进行问题投诉和索赔。若你是快递公司投诉部门的员工，请你说说应该如何做出处理。

思政小故事

习题巩固

项目六

国际及港澳台地区快递业务操作

党的二十大报告指出:"依托我国超大规模市场优势,以国内大循环吸引全球资源要素,增强国内国际两个市场两种资源联动效应,提升贸易投资合作质量和水平。"在经济全球一体化的背景下,随着跨境电子商务的发展,国际快递的业务量剧增,行业发展的同时也对快递业提出了更高的服务要求。

项目六　国际及港澳台地区快递业务操作

项目目标

知识目标	1. 了解国际快件货物的分类及特殊商品的邮寄要求 2. 认识国际快件的重量和尺寸计算方式 3. 认识国际快件的出口作业流程 4. 掌握国际快递运单的填制 5. 认识港澳台快递作业 6. 了解港澳台快递包裹分类及海关对个人邮递物品的规定 7. 了解香港邮政小包的服务及木质包装的熏蒸要求
技能目标	1. 规范处理国际快递业务 2. 正确填制国际快递运单 3. 规范处理港澳台快递业务 4. 规范处理香港快递业务
素质目标	1. 培养学生跨文化交际能力 2. 培养学生国际视野和沟通能力 3. 培养学生文化自信和民族自豪感 4. 培养学生共同体意识

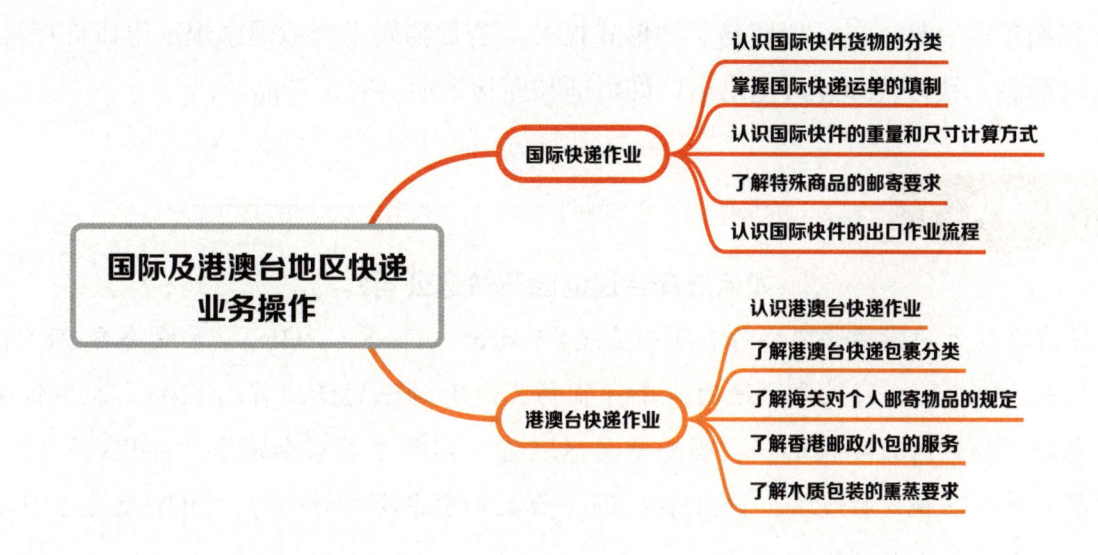

知识图谱

国际及港澳台地区快递业务操作
- 国际快递作业
  - 认识国际快件货物的分类
  - 掌握国际快递运单的填制
  - 认识国际快件的重量和尺寸计算方式
  - 了解特殊商品的邮寄要求
  - 认识国际快件的出口作业流程
- 港澳台快递作业
  - 认识港澳台快递作业
  - 了解港澳台快递包裹分类
  - 了解海关对个人邮寄物品的规定
  - 了解香港邮政小包的服务
  - 了解木质包装的熏蒸要求

任务一　国际快递作业

任务展示

学生以小组为单位，通过互联网或书本了解国际快递作业的流程，根据教师下发的案例背景，分角色演示国际快递作业的流程。

任务准备

任务准备1：了解国际快件货物的分类

根据中国海关对快件类货物的监管规定，快件类货物根据其价值分为四类：

A类：指没有任何商业价值的文件资料。

B类：指价值在500元人民币以下的样品类货物，需要发件公司提供正本发票。

C类：指价值在500元人民币以上5 000元人民币以下的样品类货物，需要发件公司提供正本发票。

D类：指价值超过5 000元人民币的货物，快件代理应要求发件公司提供出口核销单及合同、装箱单等文件，以一般贸易货物形式报关。若货物属于当地国家规定出口许可证管理范围内的商品，快件代理还应提供出口许可证和商检证明（轻工产品）。

> **小贴士**
>
> **如何选择合适的国际快递公司？**
>
> 目前比较大的国际快递公司有联邦快递（FedEx）、敦豪（DHL）、天地快运（TNT）、联合包裹（UPS）。如果要运送的是小件货物又没有时限的话，首选EMS，因为价格是最便宜的。如果时效要快的话，则要看要运送货物到哪个国家和地区。FedEx和UPS的强项在美洲线路和日本线路，TNT在欧洲、西亚和中东有绝对优势，DHL则是在日本、东南亚、澳大利亚有优势。

任务准备2：掌握国际快递运单的填制

（1）寄件人资料（可填写或不填）。

①寄件人姓名；②寄件人地址/公司名；③寄件方邮政编码；④寄件人电话号码。

（2）收件人资料。

①收件人账号（到付件必填）；②公司名称；③收件人地址；④邮政编码/国家；⑤联系人/电话/手机号码。

（3）交运快件资料。

①总件数；②总重量；③材积尺寸。

（4）交运货物的详细说明（依照发票）。

填写中、英文品名，单个数量/总数量，单价/总价（USD）。中、英文品名互译的含义要相符，避免使用"零件""配件""衣服"等字样。

（5）收件地关税/税金支付方式。

必须在关税支付栏勾选"收件人"，如没有说明，则默认由寄件人支付目的地关税。

👍 任务准备3：认识国际快件的重量和尺寸计算方式

（1）快件的计费重量是以快件的实际重量（毛重）和体积重量相比，取二者中数量较大者来确定。

快件的体积重量 = 长×宽×高÷5 000

（上述计算中的长度以 cm 为单位，不足 1 cm 的取 1 cm；重量以 kg 为单位）

例：快件实际重量为 29.5 kg，快件尺寸为 45.1 cm×66.3 cm×59.9 cm，则体积重量 =46×67×60÷5 000 ≈ 37（kg），比较实际重量和体积重量得出计费重量为 37 kg。

（2）大部分国家无重量限制，一般单件重量不超过 100 kg，长×宽×高 ≤ 2.9 m^3，若超过 2.9 m^3，须预订安排货舱。

（3）某些国家的特殊规定。

① 阿尔及利亚、尼日利亚、突尼斯和叙利亚的快件有尺寸和重量限制，四个国家的快件材积均不得超出 118 cm×88 cm×120 cm；

② 阿尔及利亚快件的单件重量不得超过 40 kg，另外没有上门服务的城市必须备注：HOLD FOR PICK UP（收件人自提）；

③ 尼日利亚快件单票或单件的重量不得超过 50 kg；

④ 突尼斯快件单票重量不得超过 40 kg，单件重量不得超过 30 kg；

⑤ 叙利亚快件单票或单件重量不得超过 15 kg。

👍 任务准备4：了解特殊商品的邮寄要求

（1）寄往俄罗斯的包裹：由于俄罗斯海关要求所有进口包裹的收件人必须亲自到海关清关，因此到达俄罗斯的包裹只接受收件地为莫斯科和圣彼得堡这两个城市的，但文件不受此影响。

（2）寄往美国的纺织品：必须在货物上用大头笔注明"SAMPLE"字样，或者剪样，并在发票上注明"MARKED SAMPLE"或"MUTILATED"字样。如果纺织品的成分为"100%

SILK",则不需要做以上处理,但必须随货附上"丝质品证明"。对于 3 kg 以上的纺织品,如果寄件人有提供配额证明随货中转或在所寄的样品上盖上"MARKED SAMPLE"的章、在纺织品上剪洞或用不褪色的油笔写上"SAMPLE"字样,清关一般都会顺利。否则快件有可能会在当地被扣关,导致快件被退回或被销毁处理。

(3)经 DHL 中转寄往美国的眼镜,需要提供"滴珠测试证明";通过 DHL 寄送食品(包括茶叶)到美国时,须提供 FDA(美国食品和药物管理局)的证明。

(4)鞋子:部分国家不允许成品鞋子成双出口,如南非、意大利等。若需成双的鞋子出口,须在鞋底打一个直径 1 cm 左右的孔,否则只能单只出口。

(5)打火机:须确保未含气体,并提供"无气证明"及"出境货物运输包装性能检验结果单"(正本)。

(6)日本海关会对进口的皮毛制品进行检查,并要求随货发票上必须详细地注明货物的成分,例如:牛皮手袋、塑料手套、胶鞋等。此规则对于钱包、皮带、手套、夹克、大衣、皮鞋和凉鞋等同样适用。

(7)尼日利亚不接受任何纺织品进口。

👍 任务准备 5:认识国际快件的出口作业流程

(1)确定和预约需要快递物品的日期。

(2)整理物品、做物品清单、包装包裹;装箱打包时物品应摆放整齐,选用硬度稍高和表面尽量无图案、无文字的纸箱,易破碎物品要用泡沫塑料或海绵在纸箱内支撑衬垫,较重的大件货物还应选用木质材料做框架以避免物品在运输途中因包装不当发生损坏。有些国家对木质包装材料亦有严格规定,一般未经熏蒸的原木是不能用作包装材料出口的,经过熏蒸的原木材料还须提供有关单位的熏蒸证明原件,方可随货物出口。

(3)准备收件方信息,包括收件人姓名、地址、电话等;所提供的收件方信息应准确无误,并尽可能提供收件人电话号码,以免造成派送延误和投递错误。部分情况下因收件方信息不全所引起的二次派送或因无法派送而退还给发件方所产生一切费用由发件方承担,此规定已纳入委托契约服务合同。

(4)致电快递公司接线员并告知需要寄达的目的地国家和城市,收听并确认报价后同意由该快递公司提供服务。

(5)快递公司安排收件员上门收取包裹,客户要提供收件方信息,详细填写包裹托运单据,并提交物品清单以做申报海关之用,双方确认重量后结算,收件员应给客户提供结算票据和包裹追踪号码。所有上门收件人员在结算时均应提供加盖快递公司公章或财务章的有效票据证明,否则快递公司将会视其为冒充收件交易,有权不承认交易的发生,不负责服务和理赔。快递公司对客户提供的物品清单以及申报价值应履行检查核实的义务和权利。

(6)收件员返回公司,将包裹交出口部制作交接清单,由出口部签字后交给收件员,出口部开始操作入单、分拨出口、全程跟踪。收件人收到派件员所送达的货物时应在签字接收之前检查货物的完整性，若发现货物有损坏、短缺，应立即在派件员的协助下联系派件公司，并由其出具所递送货物的损坏或短缺证明，以便日后索赔时作为证据以维护自己的合法权益。如收件人未经确认检查即签收货物，在签收之后提出货物有损坏或短缺要求赔偿而无法提供派件公司证明的，公司有权拒绝受理赔偿。

（7）收件员将交接清单交快递公司接线员，快递公司接线员通知客户包裹已揽收至公司。

（8）目的地的派件员派送至收件人处，收件人确认包裹内物品完好后同意签字接收。

任务执行

步骤1：阅读案例背景

DHL是某母婴海淘店铺的物流供应商，2022年12月12日下午1点，顾客许海（身份证号码：441800198010××××××，手机号码：134××××9675，地址：广州市白云区机场路1121号成风大厦501房）在该母婴海淘网站购买了2包纸尿裤。具体商品信息如图6-1所示。该商品的物流方式属于美国直邮，由美国洛杉矶机场附近的一个物流仓库发货。货物抵达广州白云机场后，报关员梁明核对商品信息和客户身份后，于当天下午1点30分向广州机场海关申报，并发送报关数据。海关审单中心审单员陈真于当天下午2点审核通过，并根据海关规定按照个人物品给予征收行邮税。当天下午2点30分，快件放行。DHL派件员梁良联系收货人许海，上门派送，许海核对货品无误后，在快递单上签收。

图6-1 商品信息

步骤2：解析案例背景

（1）通过阅读案例背景，根据所学知识，完成表6-1的填写。

表6-1 商品信息表

商品性质（请在对应类别后打"√"）	A类　B类　C类　D类
是否有特殊邮寄要求	是　否
计费重量	（　）kg

（2）请以寄件人的身份，填写如图6-2所示的DHL国际快递运单。

步骤3：根据案例背景，分角色演示国际快递作业流程

5人一组，根据案例背景中出现的人物，分角色演示国际快递作业的业务流程。

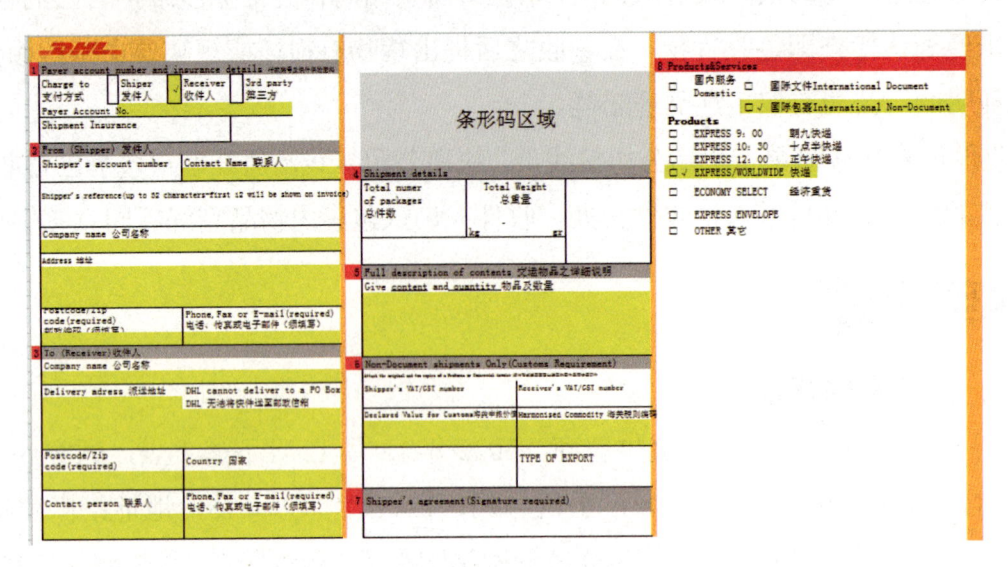

图 6-2　DHL 国际快递运单

任务评价

在完成上述任务后，教师组织进行三方评价，并对任务实施过程进行点评，指出各组任务实施过程中的亮点和缺点。学生完成表 6-2 的填写。

表 6-2　任务评价表

组　别		组　员				
任务名称		认识国际快递作业				
考核内容		评价标准	参考分值	考核得分		
				自　评	互评（平均）	教师评
职业素养	1	具有良好的沟通交流能力	5			
	2	具有良好的团队合作精神	5			
	3	具有良好的专业行为规范	5			
知识素养	1	了解国际快件的作业流程	15			
	2	掌握国际快件计费重量的计算方法	10			
	3	认识国际快件的分类	10			
	4	了解特殊商品的邮寄要求	10			
职业技能	1	能进行快递运单的填制	10			
	2	能对国际快件进行信息归纳及计重	10			
	3	能够完成国际快递的作业流程	20			
		小　计	100			
合计 = 自评 20%+ 互评 30%+ 教师评 50%				组长签字		

拓展提升

春节是中国的传统节日，李阿姨想给在澳大利亚留学的儿子邮寄一些自己熏制的腊肠和腊肉。请项目组成员讨论腊肠和腊肉是否能邮寄到澳大利亚？该如何向海关申报？选择哪家快递公司？大概花费多少钱？多长时间？

知识加油站

国际快递邮寄知识

1. 国际函件：

（1）信函以外的各类函件内不准寄递具有私人和现实通信性质的文件。

（2）印刷品和盲人读物内禁止寄递已盖销或未盖销的邮票。

（3）除保价邮件以外，各类函件内禁止寄递各国货币、旅行支票、不记名票据、白金、黄金、白银及其制成品、首饰、宝石及其他贵重物品。

2. 国际特快邮件禁止寄递下列物品：

（1）爆炸性、易燃性、腐蚀性、毒性、强酸碱性和放射性的各种危险物品，如雷管、火药、爆竹、汽油、酒精、煤油、桐油、生漆、火柴、农药等。

（2）精神药品，如鸦片、吗啡、可卡因（高根）等。

（3）国家法令禁止流通或寄递的物品，如军火、武器、本国或外国货币等。

（4）容易腐烂的物品，如鲜鱼、鲜肉等。

（5）妨碍公共卫生的物品，如尸骨（包括已焚化的骨灰）、未经硝制的兽皮、未经药制的兽骨等。

（6）反动报刊书籍、宣传品和淫秽或有伤风化的物品。

（7）各种活的动物（但蜜蜂、水蛭、蚕，医药卫生科学研究机构封装严密并出具证明交寄的寄生虫以及供作药物或作以杀灭害虫的虫类，不在此限）。

另外，各类邮件禁寄、限寄的范围除上述规定外，还应参阅《中华人民共和国海关对进出口邮递物品监管办法》及国家禁止和限制邮寄物品的规定，以及邮电部转发的各国（地区）邮政禁止和限制。

思政小故事

任务二　港澳台快递作业

任务展示

学生以小组为单位，通过互联网搜索或实地调研港澳台快递作业服务，调研"香港邮政""顺丰速运""中国邮政"三家公司的香港快递业务，搜集一手资料，从服务、价格、时效比较它们各自的优势和特点。

本任务学习资料

任务准备

👍 任务准备 1：认识港澳台快递作业

港澳台特快专递是中国邮政速递物流股份有限公司（以下简称邮政速递物流）与各国（地区）邮政合作开办的中国大陆与其他国家、港澳台地区之间寄递特快专递（EMS）邮件的一项服务，可为用户快速传递国际和地区间的各类文件资料和物品，同时提供多种形式的邮件跟踪查询服务。

👍 任务准备 2：了解港澳台快递包裹分类

现行港澳台快递业务主要分为航空包裹、空运水陆路包裹（SAL）和水陆路包裹三种基本类型。用户既可以到邮政营业窗口办理业务，也可以通过邮政速递揽收交寄。

航空包裹是指利用航空邮路优先发运的包裹业务；空运水陆路包裹（SAL）是指利用国际航班剩余运力运输，在原寄国和寄达国国内按水陆路邮件处理的包裹；水陆路包裹是指在全部运输过程中利用火车、汽车、轮船等交通工具发运的包裹。

此外，为适应我国与周边国家间边贸市场发展的需要，近年来在部分设有边境口岸的省（自治区）与邻近国家边境地区的邮政机构间开办了边境包裹业务。边境包裹业务是以双边协商的方式开办的具有特定处理方式、结算价格和服务标准的区域性包裹业务。

👍 任务准备 3：了解海关对个人邮递物品的规定

个人邮递物品是指按我国海关的规定属于自用、合理数量范围内的进出境旅客分离运输的行李物品、亲友间相互馈赠的物品和其他个人物品。

进出境个人邮递物品应以自用、合理数量为限。海关对进出境个人邮递物品的管理原则是既要方便正常往来，照顾个人合理需要，又要限制走私违法活动。据此原则，海关规定了个人每次邮寄物品的限值，以及禁止和限制邮寄物品的品种。对邮寄进出境的物品，海关依法进行查验，并按章征税或免税放行。

（1）个人邮寄进境物品，海关依法征收进口税，但应征进口税税额在 50 元人民币（含 50 元）以下的，海关予以免税。

（2）个人寄自或寄往港澳台地区的物品，每次限值为 800 元人民币；寄自或寄往其他国家和地区的物品，每次限值为 1 000 元人民币。

（3）个人邮寄进出境物品超出规定限值的，应办理退运手续或者按照货物规定办理通关手续。但邮包内仅有一件物品且不可分割的，超出规定限值，经海关审核确属个人自用的，可以按照个人物品规定办理通关手续。

（4）邮运进出口的商业性邮件，应按照货物规定办理通关手续。

任务准备 4：了解香港邮政小包的服务

香港邮政小包是香港邮政针对小件物品而设计的空邮产品。香港邮政小包包含挂号和平邮两种服务产品，挂号又称"易网邮"，其前身为"大量投寄挂号空邮服务"，特别适合网上卖家邮寄重量轻，体积较小的物品。目前内地的 eBay 卖家很多选择香港邮政小包发货。

（1）价格优势：相对于其他运输方式（如 EMS、DHL、UPS、FedEx、TNT 等）来说，香港邮政小包有绝对的价格优势。

（2）速度优势：无须在邮局柜台计费和分拣，直接送入机场包裹处理中心，形成了一条环节少、速度快、价格也低廉的服务链，同时也降低了丢包率。

（3）地区优势：香港邮政小包可以将产品送达全球几乎任何一个国家或地区的客户手中，只要有邮局的地方都可以送达，大大扩展了外贸卖家的市场空间。

（4）简便优势：计费方式全球统一，不计首重和续重，大大简化了运费核算与成本控制的流程。

任务准备 5：了解木质包装的熏蒸要求

任何国家都不允许原木或原木包装的物品进口。木质包装一般指用于包装、铺垫、支撑、加固货物的材料，如木箱、木板条箱、木托盘、垫仓木料、木桶、木垫方、枕木、木衬板、木轴、木楔等。在国际贸易中，各国为保护本国的资源，对有的进口商品实行强制的检疫制度。

木质包装熏蒸就是为了防止有害病虫危害进口国森林资源所采取的一种强制措施。因此，含有木质包装的出口货物，就必须在出运前对木质包装物进行除害处理，熏蒸是除害处理中的一种方式。熏蒸完毕后，须向商检局索要熏蒸证明书。熏蒸证明书的有效期为 21 天。

任务执行

步骤 1：调研港澳台快递作业

学生以小组为单位，通过互联网搜索或实地调研港澳台快递作业，进行业务分析，填写港澳台快递业务分析表（见表 6-3），并形成小组调研报告。

表 6-3　港澳台快递业务分析表

分析要素	价　格	时　效	清关要求
香港			
澳门			
台湾			

步骤 2：调研香港快递作业

学生以小组为单位，通过互联网搜索或实地调研"香港邮政""顺丰速运""中国邮政"三家公司的香港快递业务，搜集一手资料，从价格、服务、时效比较它们各自的优势和特点，并填写表 6-4 香港快递业务优势分析表。

表 6-4　香港快递业务优势分析表

公 司 名 称	价　格	服　务	时　效	优势和特色
香港邮政				
顺丰速运				
中国邮政				

（1）邮政署（Post Office，1841 年至今），通称香港邮政，Hongkong Post（"Hongkong"连写），是香港的邮政部门，成立于 1841 年，现为香港特区政府商务及经济发展局辖下的部门。1995 年开始转为以营运基金形式运作，部门的收入来自售卖特殊邮票、邮递服务、特快专递（EMS）（注：特快专递又称政府专递）服务、缴费服务（政府部门及公用事业）等。邮政署亦为香港人提供电子证书。

（2）顺丰速运（集团）有限公司创立于 1996 年，随着客户数量的不断增长和国内经济的蓬勃发展，顺丰速运将网点进一步扩大到广东省以外的城市。2006 年初，顺丰速运的速运服务网络已经覆盖国内 20 多个省及直辖市，101 个地级市，包括香港、澳门及台湾地区，成为中国速递行业民族品牌中的佼佼者之一。

步骤 3：各组派代表上台进行分享

每组各派一名代表上台将本组通过互联网搜索或实地调研的资料进行分享。

任务评价

在完成上述任务后，教师组织进行三方评价，并对任务实施过程进行点评，指出各组在任务实施过程中的亮点和缺点。学生完成表 6-5 的填写。

表 6-5 任务评价表

组　　别			组　　员			
任 务 名 称			认识港澳台快递作业			
考核内容		评价标准	参考分值	考核得分		
				自评	互评（平均）	教师评
职业素养	1	具有良好的沟通交流能力	5			
	2	具有良好的团队合作精神	5			
	3	具有良好的专业行为规范	5			
知识素养	1	掌握港澳台快递作业的特点	15			
	2	了解港澳台快递作业的含义	10			
	3	了解木质包装熏蒸要求	10			
	4	了解国际快递邮寄要求	10			
职业技能	1	能按照任务要求上网或调研所需资料	10			
	2	能对查找的资料进行简单归纳及提炼	10			
	3	能够清晰地与他人分享所查找的资料	20			
小　　计			100			
合计＝自评20%＋互评30%＋教师评50%			组 长 签 字			

拓展提升

广州的陈红有一箱新鲜的橙子要用快件寄到香港沙田，货物信息如下：包装为泡沫箱，规格 40 cm×50 cm×60 cm，毛重 20 kg，产地是广东四会，要求 3 天内配送上门。请为她选择合适的快递公司和路线。

知识加油站

你的邮件是否有足够的包装？

任何包裹或邮包均应置于邮袋内，再经由不同的交通工具派递，而运送途中难免会产生震荡及压力。为了确保投寄的物品能应付任何运载情况，您应采用适当及足够的包装。

不合适或不够充分的包装均有可能造成邮件延误、损毁或滞留，甚至影响您应获得的赔偿。下面将说明如何包装邮件以及提供某些物品所需的特殊包装方法。投寄者须清楚，任何包装出现问题而不为邮局发觉，后者概不负责。

除不会受压力损坏的、柔软的或不易破碎的物品外，包裹在包装前须装于坚固的容器内。容器的物料应以内载物的重量、体积、形状和性质而定，如箱子、纸板盒、纤维板盒、牛皮纸盒、金属盒或木盒，以及金属罐和金属管、用软物填塞的邮袋和金属头的纤维邮管等。

容器应大小适中，且有充足空间填塞软垫物料。若您投寄液体或粉末，我们建议您使用个别防漏容器盛载，内外容器之间应有足够软垫物料，防止物品在容器内晃动。有气味的物品应放置在不漏气的容器内。

木盒或金属盒盖和盒边须加软垫，避免露出尖角，再以粗麻布料缠裹。若盒子已用瓦楞纸板包妥，则可用普通纸包裹。

不论何种形状、大小的包裹，都应先用胶纸黏合，再用绳子捆扎，且应从最少两个方向绕过包裹，每头分别打结。单用胶纸是不够的。

薄纸只适用于包装细小物品，较大型物品应以厚纸缠裹，以防撕破。若有数件物品，在最后缠裹前应先用绳子将所有物品捆在一起，固定位置。

思政小故事

习题巩固

项目七

快递保价与赔偿业务

党的二十大报告指出："要实现好、维护好、发展好最广大人民根本利益。"快递从业人员在作业过程中，要了解快递公司合同规定的服务内容，掌握签订和履行合同的技巧；能够独立开展快递保价工作；能够快速判定快递违约责任，熟练掌握如何开展快递赔偿工作。

项目目标

知识目标	1. 掌握快递服务合同的定义 2. 了解快递服务合同的特征、分类及主要条款 3. 了解快递合同的签订与履行 4. 掌握快件保价的定义 5. 了解快件保价条款的性质和效力 6. 了解快递保价的特殊规定及注意事项 7. 认识快递违约责任及快件赔偿程序 8. 认识快件赔偿纠纷的解决方式及赔偿注意事项
技能目标	1. 规范制定快递服务合同 2. 规范处理快递服务需求 3. 正确计算保价费用 4. 规范完成寄件准备、快递网点选择及快递运单填写工作 5. 能够分清违约责任并提供索赔资料 6. 正确填写完整信息并确定赔偿金额
素质目标	1. 培养学生规则意识和法律意识 2. 培养学生契约精神 3. 培养学生成本意识和决策力 4. 培养学生风险防范意识 5. 培养学生责任担当意识 6. 培养学生沟通和表达能力

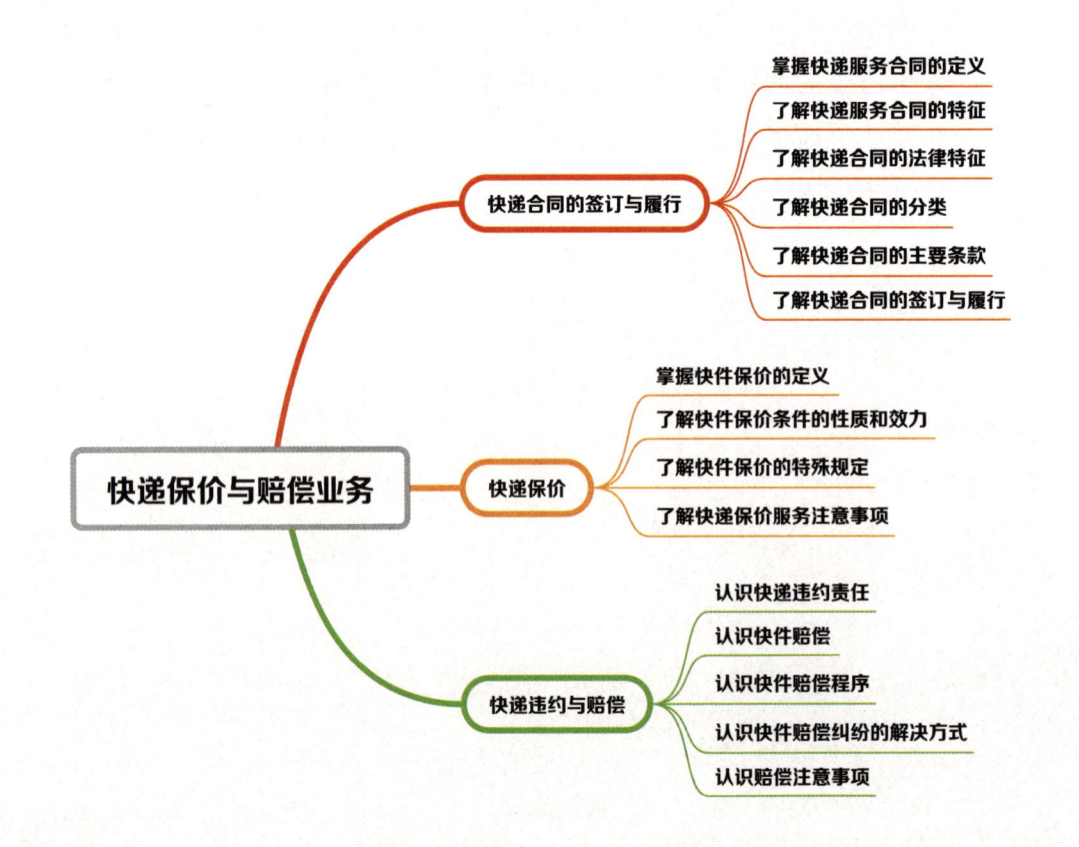

知识图谱

快递保价与赔偿业务

- 快递合同的签订与履行
  - 掌握快递服务合同的定义
  - 了解快递服务合同的特征
  - 了解快递合同的法律特征
  - 了解快递合同的分类
  - 了解快递合同的主要条款
  - 了解快递合同的签订与履行

- 快递保价
  - 掌握快件保价的定义
  - 了解快件保价条件的性质和效力
  - 了解快件保价的特殊规定
  - 了解快递保价服务注意事项

- 快递违约与赔偿
  - 认识快递违约责任
  - 认识快件赔偿
  - 认识快件赔偿程序
  - 认识快件赔偿纠纷的解决方式
  - 认识赔偿注意事项

任务一　快递合同的签订与履行

任务展示

学生以小组为单位，模拟寄件人和快递员签订快递合同的过程，最后每组选派代表上台进行合同签订的表演及分享。

任务准备

任务准备1：掌握快递服务合同的定义

快递服务合同即是寄件人和快递服务公司之间订立的有关快递服务的契约。

快递服务合同在快递行业内一般称作快递运单，也就是用户交寄快件时填写的面单。快递服务合同有正反两面，正面包含寄件人信息、收件人信息、寄递物品的信息以及责任条款等，这些内容多是用户在使用快递服务时所要填写的。快递服务合同的反面是快递公司印刷好的注意事项，包括保价条款、赔偿条款等。

任务准备2：了解快递服务合同的特征

快递服务合同的主要特征：

（1）快递服务合同自寄件人与快递服务公司工作人员双方在合同上签字时生效。比如某快递在其面单契约中规定快递服务合同自寄件人与快递公司收件员在快递运单上签字或盖章后生效。

（2）快递服务合同中寄件人和快递公司的权利与义务条款一般由快递服务公司单方拟定。

（3）快递服务合同中权利和义务的具体体现是快递运单，即用于记录快件原始收寄信息及服务约定的单据。如申通快递规定运单及背面所印条款是消费者与申通快递公司之间签订的快递服务合同。

任务准备3：了解快递合同的法律特征

依据《合同法》分则中关于合同的规定，快递服务合同在法律性质上属货运合同的一种。货运合同是指托运人与承运人之间缔结的，由承运人将约定货物从起运地点运输到约定地点并交付给收货人的合同。分析比较货运合同和快递服务合同两者的概念，具有以下几个方面的特点，如表7-1所示。

表 7-1 货运合同与快递服务合同的比较

内容	类型	
	货运合同	快递服务合同
标的一致性	货运合同的标的是承运人运输货物的行为	快递服务合同具体化为快递企业的快速递送行为
涉及第三人	当托运人指定的收货人并非自己时,合同就涉及第三人。第三人虽不是两类合同的当事人,却是合同的利害关系人且享有相应的权利,如验货与提货权	
以完成一定行为为履行要件	承运人须将货物交付收货人才算履行完毕	快递企业须将快递物品交付收件人才算履行完毕

由此可见,快递合同和货运合同在性质上有相同之处,但由于快递服务的特殊性质,使得快递合同还具有以下法律特征:

(1)快递服务组织必须是已获得快递服务经营许可的企业法人。

根据《合同法》第九条规定:"当事人订立合同,应当具有相应的民事权利能力和民事行为能力。当事人依法可以委托代理人订立合同。"作为快递组织必须具备从事快递服务的资格及营业许可,所以我国快递服务组织应当是在工商行政管理机关登记,已取得快递服务经营许可的企业法人,个人不得独立对外经营快递业务。

要申请成为快递服务经营者,必须具备以下条件:

① 符合企业法人条件;

② 在省、自治区、直辖市范围内经营的,注册资本不低于 50 万元,跨省、自治区、直辖市经营的,注册资本不低于 100 万元,经营国际快递业务的,注册资金不低于 200 万元;

③ 具有与申请经营的地域范围相适应的服务能力;

④ 有严格的服务质量管理制度,如服务的承诺、项目、价格、地域、赔偿办法、投诉处理办法等;有完备的业务操作规范,如收寄验视、分拣运输、派送投递、业务查询等规范;

⑤ 有健全的安全保障制度和措施,包括保障寄递安全、快递服务人员和用户人身安全、用户信息安全的制度,以及符合国家标准的各项安全措施;

⑥ 法律、行政法规规定的其他条件。

(2)快递合同是双务合同和有偿合同。

快递服务合同中往往约定由快递服务组织提供快递服务、收取服务费用,寄件人或收件人享受权利、支付费用。

(3)快递合同的标的是快递服务。

根据合同规定,快递服务提供的是通过电话、网络或到营业点寄送或领取物品的便携式服务,更多地满足不同服务对象的特殊要求。相比较货运合同,快递合同具有更大的便利性和时效性。

（4）快递合同内容格式化。

通常情况下，快递服务合同都采用格式条款订立。为更好地体现出合同双方的权利和义务，一般采用标准条款，双方只需按照规定履行就可以。

任务准备4：了解快递合同的分类

快递合同根据不同的内容可以有不同的分类，具体分类如表7-2所示。

表7-2 快递合同的分类

分类方法	具体分类	内容
服务区域	国际快递服务合同	具有国际快递业务经营许可证及资格
	国内快递服务合同	具有国内快递业务经营许可证及资格
是否提供增值服务	普通快递服务合同	提供一般的快递服务形式，服务费用低
	增值快递服务合同	提供客户所需的个性化快递服务，需要付出较大的成本和费用

任务准备5：了解快递合同的主要条款

实际操作中，快递运单作为合同的一个重要表现形式，存在我们的日常生活中。快递合同包含了许多的条款，其中主要的条款如下：

（1）寄件人信息：名称、单位、地址、邮编、联系电话；

（2）收件人信息：名称、单位、地址、邮编、联系电话；

（3）快递公司相关信息：公司名称、标识标志、联系电话等；

（4）货物信息：货物的名称、重量、数量、价格、包装等；

（5）费用信息：快递服务费用的计算及金额、付款方式、保价运输（是否保险、保价及对应的金额）；

（6）收件、投递时间信息；

（7）运单背面其他规定。

任务准备6：了解快递合同的签订与履行

（1）合同的签订。

由于生活中主要以快递运单的形式出现，所以我们寄快件填写完运单，双方确认无误后便完成了快递合同的签订。例如，顺丰速运在其面单说明中规定，快递合同自寄件人、揽件公司收件员在快递运单上签字或盖章后成立。

（2）合同的履行。

合同的履行是指当事人按照合同的规定行使权利和履行义务，从而实现当事人订立合同的目的行为。按照合同规定，快递服务组织应当实现收件、运输和投递等作业。

任务执行

步骤1：确定快递服务需求

学生以组为单位，提前准备好快递服务需求，即快递货物相关信息，并填写表7-3。

表7-3 快递服务需求

序 号	项 目	具 体 信 息
1	寄件人信息	
2	收件人信息	
3	货物信息	
4	费用计算	
5	收寄时间	
6	其他	

步骤2：熟悉快递合同

学生提前准备好快递合同，认真阅读，熟悉合同规定的权利和义务。合同范例如下：

快递服务合同

合同编号：

甲方（委托方）

（以下简称甲方）

乙方（承运方）

（以下简称乙方）

根据《中华人民共和国合同法》及货物运输的有关规定，甲乙双方经过充分协商，现就乙方向甲方提供运输服务事宜达成一致，特签订本合同共同遵守。

第一条：服务内容和区域

1.1 甲方委托乙方办理国内的物流（速递）服务业务。

1.2 服务区域：中通快递在全国各地所开通的全部区域，超过乙方派送范围的乙方不予派送。

第二条：甲方的权利和义务

2.1 甲方自行负责所配送货物的运单打印及分拣包装工作，并保证运输面单上的信息无误。

2.2 甲方未按约定时间和要求备好货物，货物晚点责任由甲方承担。

2.3 非乙方原因导致的货物退换货，将按实际产生的费用进行结算。

2.4 因甲方指定的收货人延迟或拒绝收货所造成的损失由甲方承担。

2.5 按照约定价格及时支付运费。

第三条：乙方的权利和义务

3.1 乙方每天 17:00 前安排人员上门取件，在货物交接时，乙方应确认货物原始包装完好，若发现包装有破损情况，乙方有权拒绝接收包裹，乙方取件人员在快递单上签字后，则视为甲方已将商品完好地移交给乙方，此后商品的完整性、安全性由乙方负责。

3.2 乙方应将甲方交付的货物完好无损地送达甲方指定的地址和收件人或收件单位，如将货物错运至其他到货地点或接货人，乙方应无偿运至规定的到货地点或接货人。

3.3 如果客户或甲方要求在同一派送区域内改变送货目的地，乙方有义务无偿提供服务，如客户要求跨区域改变送货目的地，乙方须及时通知甲方，由甲方核实后告知乙方如何处理，所产生的费用由甲方承担。

3.4 超过乙方派送范围的货物，乙方不予派送。

3.5 乙方应及时向甲方通报货物的运输情况，乙方将专门设立一名客服对异常件进行处理，并第一时间以 QQ 形式通知甲方，甲方应在 1 个工作日内回复乙方最终处理方式（重新投递或退回甲方指定仓库）。在紧急情况下，乙方可自行采取有利于甲方的处理办法，并将结果通知甲方。

第四条：送达及退回

4.1 收件人收到乙方的货物时：

a. 经确认货物外包装完好的，在回单上签收。

b. 经检查发现外包装破损且货物有一定损坏的，有权拒绝签收，乙方须及时与甲方联系，在得到甲方的许可后，方可将货物退回。

4.2 无法送达：货物到达目的地，因当天联系不到收货人而不能及时派送的，乙方应在 2 个工作日内告知甲方，三日内仍无法联系派送的，在得到甲方允许后将货物退回甲方指定仓库。

第五条：费用与结算

5.1 本合同所称运输费用的计算以重量为准，计量单位为 1 kg，不足 1 kg 按照 1 kg 计算；计费重量的计算将以运送货物包装后的实际重量与体积重量的较大者为依据；体积重量的计算公式（计泡）：重量（kg）＝长（cm）×宽（cm）×高（cm）÷8 000。

运输单价参见附件：中通价格表。

5.2 每月 30 日前，乙方提供上月 26 日到当月 25 日明细及汇总交由甲方核对，双方均须在 5 个工作日内给予回复确认。

5.3 在费用核算无误后，由乙方依据费用总额开具正规行业发票给甲方，甲方在收到运费发票后的 15 个工作日内向乙方支付运费。

5.4 费用的支付形式：支票、银行转账、现金。

第六条：保险及理赔

6.1 甲方自愿为价值 1 000 元人民币以上配送包裹购买保价服务，双方约定的保价费率为 3‰，最高保价金额为 10 000 元人民币，甲方自愿选择是否保价。

6.2 如因乙方原因造成包裹或商品遗失或损毁，或延误配送时效而引发顾客退件，经乙方确认无误后应承担赔偿责任：

a. 包裹或商品损毁、遗失的，如果甲方已购买保价服务，按照保价金额赔偿。若未购买保价服务，甲方提供交易凭证，乙方按照本单实际交易金额及快递费赔偿。若发生乙方应赔偿金额的，在甲方应付乙方该期款项中扣除；若应付款不足扣除的，由乙方现金补足。

b. 因乙方原因造成包裹或商品破损而引发顾客拒收的，乙方应及时通知甲方补发一票快件给顾客，若发生该顾客仍然拒收的情况，乙方应免除此单运费。

在符合法律和合同规定条件下的运输，由于下列原因造成货物灭失、短少、变质、污染、损坏等物理或化学变化的，乙方不承担赔偿责任：

a. 不可抗力，包括但不限于火灾、爆炸、洪水、地震、台风、腐蚀、污染、风暴、害虫、自然因素、叛乱、暴动、国内混乱或类似的双方都无法合理控制的原因。

b. 由于货物本身的自然属性、质量或缺陷造成的损失。

c. 货物的合理损耗。

第七条：适用法律及争议处理

本合同所有条款适用中华人民共和国法律。

有关本合同出现的任何争议应由甲乙双方友好协商，协商不成的，交由上海仲裁委员会根据仲裁准则进行裁决。仲裁地为上海。仲裁的裁决是最终裁决，对双方都具有约束力，双方都应遵守执行。仲裁费用、执行仲裁裁决的费用由仲裁裁决书决定。

第八条：保密

履行本合同的过程中，甲乙双方提供的信息将被视为机密，所有权只属于提供信息方。除国家执法机关要求或已征得另一方书面许可外，任何一方不应向其他第三方公开机密信息。

第九条：本合同有效期自　年　月　日起至　年　月　日止。

第十条：本合同一式两份，双方各执一份，自签订之日起生效。

甲　方：　　　　　　　　　　乙　方：
代表人：　　　　　　　　　　法人或代表人：
地　址：　　　　　　　　　　地　址：
电　话：　　　　　　　　　　电　话：
签字日期：　　　　　　　　　签字日期：

步骤3：签订合同

在双方协商同意的前提下，分别进行合同条款的填写，完成快递服务合同的签订。

任务评价

在完成上述任务后，教师组织进行三方评价，并对任务实施过程进行点评，指出各组在任务实施过程中的亮点和缺点。学生完成表7-4的填写。

表7-4　任务评价表

组　别			组　员		
任务名称			快递合同的签订与履行		
考核内容		评价标准	参考分值	考核得分 自评	互评（平均）	教师评

考核内容		评价标准	参考分值	自评	互评（平均）	教师评
职业素养	1	具有良好的沟通交流能力	5			
	2	具有良好的团队合作精神	5			
	3	具有良好的专业行为规范	5			
知识素养	1	了解快递合同的定义	10			
	2	熟悉快递合同的主要条款	20			
职业技能	1	准确判断快递合同的分类	15			
	2	能够准确完成快递合同的签订	25			
	3	工作认真负责、充满热情	5			
	4	反应灵敏，具有处理突发问题的应变能力	10			
		小　计	100			
合计＝自评20%＋互评30%＋教师评50%			组长签字			

拓展提升

小王是一家网店的店主，每天大概会发出20个快件，需要找一家快递公司负责寄送。如果你是小王，你该如何与快递公司签订协议？是否可以通过签订长期协议得到优惠呢？

知识加油站

快递服务合同

合同编号：

甲方：

乙方：

鉴于甲方保证其具有快递业务经营资格，在平等自愿的基础上就甲方为乙方提供国内物流（速递）服务，在上海市签订如下合同：

第一条：服务内容、区域

1.1 服务内容：乙方委托甲方办理国内的物流（速递）服务业务。

1.2 服务区域：甲方在全国各地所开通的全部区域。

第二条：甲方的权利和义务

2.1 双方在货物交接时，应确认货物原始包装完好无损，若发现包装有破损情况，甲方有权拒绝接收货物。

2.2 对于已接收的货物应谨慎处理。妥善地进行装卸、搬运、仓储，保证其安全和完整。

2.3 将乙方交付的货物送达乙方指定的地址和收件人或收件单位。

2.4 如将货物错运至其他到货地点或接货人，应无偿运至合同规定的到货地点或接货人。

2.5 如果乙方要求在同一派送区域内改变送货目的地，甲方有义务无偿提供服务。

2.6 为乙方提供货物运输、签收的查询服务；对于乙方的查询请求，当甲方的网络平台无法自行查到货物信息或信息不准确时，甲方应自查询当日起 5 个工作日内将查询结果告知乙方。查复期满未查到邮件的，甲方应按第六款的规定予以赔偿。

2.7 如遇需转寄 EMS 的情况，接收货物时通知乙方，并在征得乙方同意后转寄。

2.8 及时向乙方通报货物运输的进展情况，出现异常问题，应及时通知乙方，商议处理。在紧急情况下（前提是在并不影响乙方货物按时送达的基础上），甲方可以自行采取有利于乙方的处理办法，并将处理结果通知乙方。

2.9 按照双方约定定期提供货物运输信息统计报表给乙方。

2.10 为乙方免费提供货物面单、信封、塑料包装袋等其他必要的包装物品。

2.11 送达地址或收件人（收件单位）等信息出现错误时应及时书面通知乙方，经乙方更正后，按照乙方书面通知的送达地址或收件人（收件单位）等信息重新送达；乙方未及时更正的，甲方应及时将货物退回乙方。

第三条：乙方的权利和义务

3.1 对所托运的货物进行妥善包装，该包装应符合运输的要求及仓储保管的要求。如果托运易碎、易渗漏货物及危险品等特殊货物，应事先向甲方说明，并向甲方提供必要的仓储保管、运输技术资料或文件。需要特殊包装和加固时，甲方有义务提供此类服务，相关费用由乙方承担。

3.2 乙方应认真填写相关详细信息并提供给甲方，如果乙方提供了错误的信息，在收到甲方的更正通知后应及时更正并书面通知甲方。

3.3 不得寄递易燃、易爆、易腐蚀的物品或货币、非法出版物等国家明令禁止的禁运品。

3.4 乙方因下列过错造成车辆、机具、设备损坏、腐蚀、污染或人身伤亡以及涉及的第三方的损失，由乙方负责赔偿。

 a. 在托运的普通货物中夹带、匿报危险品或其他违反危险品运输规定的行为；

 b. 错报超重货物重量；

 c. 货物包装、标志不符合规定。

3.5 按照约定价格及时支付运费。

第四条：送达及退回

4.1 收件人收到甲方送达的货物时：

 a. 经检验确认货物外包装完好的，在回单上签收；

 b. 经检验发现外包装破损且货物有一定损坏的，有权拒绝签收，甲方须及时通知乙方，在得到乙方许可后，把货物退回乙方。

4.2 无法送达：货物到达目的地，因当天联系不到收货人而不能及时派送的，甲方应在2个工作日内告知乙方，3日内仍无法联系派送的，在得到乙方允许后，将货物退回乙方，产生的费用由乙方承担。

4.3 由于甲方途中损坏或派送不到等原因造成货物被退回的，由甲方承担运费。

第五条：费用与结算

5.1 每月21日前，甲方须提供上个月结算明细清单交由乙方核对，乙方应在收到明细清单之日起3日内核对完毕并予以确认。

5.2 在双方费用核对（算）确认后，由甲方依据费用总额开具正规发票给乙方，乙方在收到发票的当月20日内将双方确认的款项全额支付给甲方。

5.3 费用的支付形式：支票、银行转账、现金。

第六条：保险及理赔

6.1 乙方须为500元人民币以上的货物支付保价费用，保价费率为5%，最高保价金额为10 000元人民币。

6.2 运输过程中造成货物遗失或毁损，甲方负责赔偿。价值500元人民币以上的货物，甲方应按照保价金额向乙方赔偿。事后由甲方向保险公司索赔，乙方应提供协助。

6.3 除不可抗力外，甲方应承担由于货物错运等原因造成的延误交付的责任。延误7日以内，每延误1个工作日，该票货物运输费用减免七分之一；延误超过7日，该票货物运输费用全免。因甲方延误交付货物造成乙方损失的，甲方还应赔偿乙方的全部损失。到达目的地后的3个工作日以及法定节假日产生的顺延和延误不算在内。

6.4 在符合法律和合同规定条件下的运输，由于下列原因造成货物发生灭失、短少、变质、损坏等物理或化学变化的，甲方不承担责任。

a. 不可抗力，包括但不限于火灾、爆炸、洪水、地震、台风、腐蚀、污染、风暴、害虫、自然因素、叛乱、暴动、国内混乱或类似的双方都无法合理控制的原因；

b. 由于货物本身的自然属性、质量或缺陷造成的损失；

c. 货物的合理损耗；

d. 甲方在运输过程中，上海境内耗损小于或等于1%的无须向乙方赔偿，江苏、浙江境内损耗小于或等于3%的无须向乙方赔偿；

e. 甲方在运输过程中造成快件（包括但不限于函件、合同、印刷品等）的遗失和损坏，应按照乙方的进价赔偿。

第七条：适用法律及争议处理

有关本合同出现的任何争议甲乙双方应友好协商。协商不成的，应向本合同签订地的人民法院起诉。诉讼期间，双方应按照本合同执行各自未尽的权利，履行各自未尽的义务。

第八条：知识产权

各方的名称和商标为各自独有及排他的财产，除非双方另有约定，否则不能在任何产品上使用对方的商标或在产品中应用对方的知识产权。

第九条：保密

履行本合同过程中，甲乙双方都应向另一方提供相关操作信息、产品信息和其他营业信息。所提供的信息将被视为机密，所有权只属于提供信息方。接收信息方只能把另一方提供的信息用于本合同义务和职责的执行中。除本合同允许外，甲乙双方都无权在未得到另一方的书面许可前，以任何一种方式或为任何目的使用得到的机密信息。除国家执法机关要求或已征得另一方的书面许可外，任何一方不应向其他第三方公开机密信息。

第十条：诚信

甲乙双方均应遵守一切适用的法律法规，包括有关环境保护、健康和安全的法律法规。

第十一条：其他

11.1 本合同所指"以上"，不包括本数；"以下""以内"含本数。

11.2 快递详情单及快递详情单背面的《契约条款》是本合同的组成部分。

11.3 由乙方提供的地址错误或变更未通知甲方等原因导致乙方的快件无法送达的，责任由乙方自行承担，甲方投递之次日视为送达日。

11.4 甲乙双方的联络方式以本合同所记载的电话、通信地址为准。某方的联络方式如有变更，应在变更之日起的10日内以书面形式告知对方，若不能按时提供变更的信息，应承担由于所提供的电话或通信地址不准确而导致无法收到对方发出的通知的一切责任。

11.5 本合同自双方签字日起生效，有效期为一年。

11.6 具有同等法律效力。

11.7 本合同终止后，协议双方仍承担合同终止前本合同规定的双方应履行而尚未履行完毕的一切责任与义务。

甲方：

甲方：（公章）   乙方：（公章）

负责人：   负责人：

银行账号：

年　月　日

思政小故事

任务二　快递保价

任务展示

小红在手机实体店购买了一款价值6 000元的智能手机，准备寄回家去给爸爸当作生日礼物。鉴于手机价值较高，她到顺丰速运营业网点进行寄件时，工作人员提醒她要不要进行保价。此刻的小红对保价一点都不了解。何为保价？应该如何选择保价服务？

学生以小组为单位，根据实际业务情况，上台模拟快递工作人员应怎样帮助小红进行手机寄件的保价运输。

本任务学习资料

任务准备

👉 **任务准备1：掌握快件保价的定义**

快件保价是指客户向快递企业申明快件价值，快递企业与客户之间协商约定由寄件人承担基础资费之外的保价费用,快递企业以快件声明价值为限承担快件在收派、处理和运输过程中发生的遗失、损坏、短少等赔偿责任。

通常来说,保价是指由寄件人声明货物价值,并支付相应比例的保价费用,当货物出现损毁或灭失时,在保价范围内获得足额赔偿。

任务准备 2:了解快件保价条款的性质和效力

快件运单契约条款中有关保价的条款在法律上属于格式条款。通常在快递服务协议中会注明"贵重物品必须保价","建议对价值超过 1 000 元人民币的物品选择保价服务"。

快件保价条款通常印刷在快递运单的背面,快递公司的业务员在寄件人签字前有义务告知寄件人相关提示并解释该条款的内容。这样合同才有效,否则无效。

任务准备 3:了解快递保价的特殊规定

在快递保价作业过程中,有一些特殊的规定,具体如图 7-1 所示。

1.充分尊重当事人自由
- 办理快递保价由寄件人决定,自愿原则。

2.快递工作人员应尽到合理提醒和说明的义务
- 快递保价条款是提前拟定的,属于格式条款,只需寄件人做出选择与否。

3.寄件人如实申报货物价值
- 寄件人应当以货物实际价值声明价值。

4.寄件人应及时支付保价费
- 寄件人应该按照快递公司关于货物保价运输的约定费用支付保价费。

5.保价赔偿例外
- 如有确切证据证明快件损坏是因为快递公司故意或重大过失造成的,赔偿范围不受保价条款的约束,应该按照货物损失的实际价值理赔。

图 7-1 快递保价的特殊规定

任务准备 4:了解快递保价服务注意事项

声明价值

对快递企业来说,快件价值越高,遗失、损毁所产生的风险越大。为了规避风险,快递企业一般都规定了保价物品的最高赔偿价值。业务员在收取快件的时候需要注意,客户填写的快件声明价值不得超出本企业规定的最高赔偿价值限制。如果超出,则建议客户对快件进行投保。

保价快件的标识

保价快件普遍是价值比较高或客户非常重视的物品,因此须妥善包装快件,并使用特殊的标识提醒各操作环节注意保护快件。例如采用保价封签,在快件封口的骑缝线上粘贴保价封签并请客户在封签的交接处签名,确保只有破坏封签才能打开快件包装。

快件称重

为能够及时发现保价快件是否短少，并进行相应处理，快递企业一般对保价快件重量精确度做出较高要求。例如某快递企业规定保价快件的重量必须精确到小数点后两位，且各交接环节须进行重量复核，确保从收取到派送整个过程的快件安全。

保价运单

出于保价快件自身的特殊性，有些快递企业使用专门印制的保价运单，有些企业则直接在普通运单的某一位置显著标明"保价"。

赔偿上限

保价快件最高赔偿额不超过客户投保的声明价值。

任务执行

步骤1：准备寄件，选择快递网点

根据小红的寄件要求，选择最适合快递寄件的网点。可以在离小红最近、最方便收寄快件的营业网点下单，或者通过电话下单，等待收件员上门收件。

可以通过电话咨询或者手机地图等查找最近的顺丰速运营业网点：_____。

步骤2：填写快递运单

把货物的相关信息详细填写在快递单上，具体信息：寄件人/收件人姓名、地址、联系电话等。具体如图7-2所示。

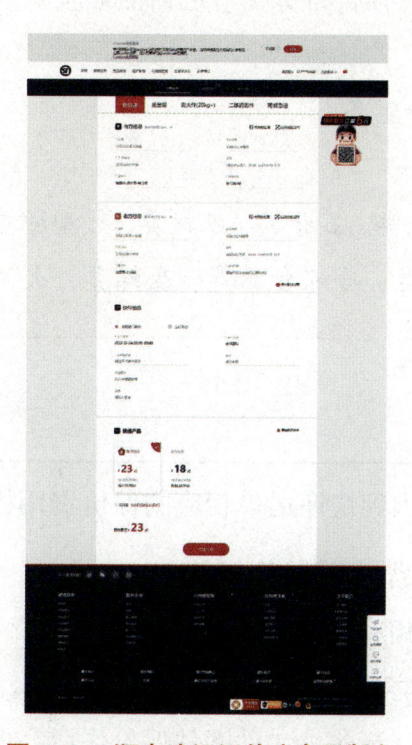

图7-2　顺丰速运运单（电子版）

步骤3：计算保价费用

查找顺丰速运的普通保价规定，计算相应的保价费用。

> **小贴士**
>
> **顺丰速运普通保价**
>
> （1）服务范围
>
> √ 中国大陆互寄或至港澳台地区。
>
> √ 港澳台地区互寄或至中国大陆。
>
> √ 中国大陆至新加坡、马来西亚、日本、韩国、俄罗斯、美国。
>
> （2）收费标准
>
> √ 中国大陆互寄：
>
>   a. 声明价值500元人民币及以下：1元人民币/票；声明价值501～1 000元人民币：2元人民币/票；
>
>   b. 声明价值1 000元人民币以上：保费＝声明价值×标准服务费率（5‰），四舍五入取整。
>
> √ 中国大陆至港澳台地区：保费＝声明价值×标准服务费率（5‰），四舍五入取整，最低收费8元人民币。
>
> √ 中国大陆至海外：保费＝声明价值×标准服务费率（1%），四舍五入取整，最低收费8元人民币。
>
> √ 原寄地港澳台地区保价详情请咨询当地网点或拨打95338。
>
> （3）使用须知
>
> 如下托寄物不可使用保价服务：
>
> √ 违法违规禁寄物品。
>
> √ 易碎品：玻璃类、陶瓷类、石膏类、石材类、大型雕刻类以及不易妥善包装的物品。
>
> √ 生鲜果蔬：时令水果类、冷冻食品类、生鲜类、大闸蟹、动植物类。

通过计算，可以得出

手机保价费用＝_____。

把计算好的保价费用填写入到快递运单相应的保价费用栏。

步骤4：交齐运费和保价费，贴保价标签

（1）填写完运单后，交齐相应的运费和保价费用。

（2）领取保价标签纸，在客户签字处签署寄件人的姓名，如图7-3所示，随后工作人员会把标签纸贴在快件外包装上，至此，快件寄件保价作业完成。

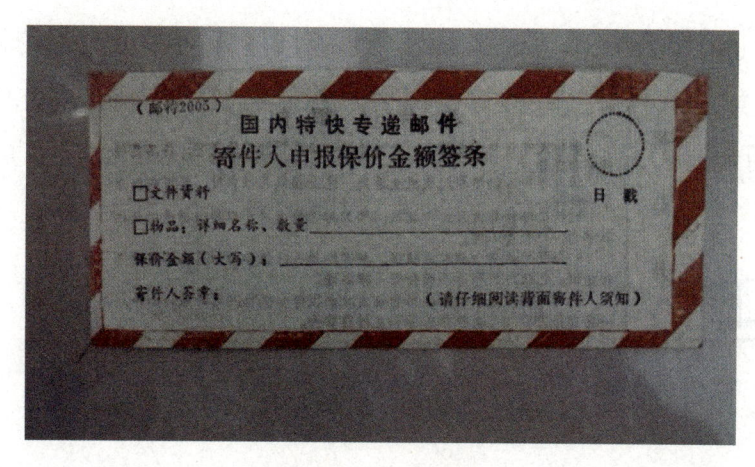

图 7-3 保价标签

任务评价

在完成上述任务后，教师组织进行三方评价，并对任务实施过程进行点评，指出各组在任务实施过程中的亮点和缺点。学生完成表 7-5 的填写。

表 7-5 任务评价表

组　别						
任务名称			认识快递保价作业			
考核内容		评价标准	参考分值	考核得分		
				自评	互评（平均）	教师评
职业素养	1	具有良好的沟通交流能力	10			
	2	具有良好的团队合作精神	5			
	3	具有良好的专业行为规范	5			
知识素养	1	了解快递保价的定义	10			
	2	熟悉快递保价的特殊规定	15			
职业技能	1	熟悉快递保价的作业流程	25			
	2	掌握保价费用的计算	10			
	3	能判断货物需要保价与否	10			
	4	灵活处理保价作业中的突发情况	10			
小　计			100			
合计 = 自评 20%+ 互评 30%+ 教师评 50%			组长签字			

拓展提升

由于公司业务需要，小梁要把公司的产品瓷茶具寄一套给客户作为试用品，现需要选择一家快递公司进行快件保价运输。面对众多不同服务和保价费率的快递公司，小梁很是苦恼，不知道该如何选择一家服务好、保价费用低的快递公司。请你收集各个快递公司的保价服务及费用情况，综合选择一家理想的快递公司，帮助小梁完成这一次快件保价运输。

知识加油站

圆通快递保价服务

业务介绍

保价服务是指客户在寄递快件时，向圆通快递声明其价值并支付相应的费用，单件货物声明价值最高不超过 3 万元人民币。当快件在运输过程中发生丢损时，按照核定的损失进行赔付的一种增值服务。

业务特色

（1）轻松投保

您可以通过在网点寄递快件时为物品选择保价服务；

（2）安全可靠

我们会给保价快件提供保价专用标识贴，并对保价快件全程跟踪，保障快件安全，派件过程做到百分百开箱验收；

（3）快速理赔

当快件在运输过程中发生丢损时，我们将第一时间为您提供一对一的理赔受理。

服务范围

圆通快递国内全网无盲点为您提供保价服务，收费标准如表7-6所示。

表 7-6　全国统一收取保价费标准

保价金额	指导价
1 000 元（含）以下	1 元
1 000～2 000 元（含）	2 元
2 000～10 000 元（含）	3‰
10 000～30 000 元（含）	5‰

不承保货物

（1）邮政、航空等各相关法律法规禁寄品；

（2）中国大陆境内无修复或定损技术能力的精密货品；

（3）鲜活动植物、需冷藏运输的货物（若涉及需特殊申报）。

温馨提醒

（1）单票快件最高声明价值不超过 3 万元人民币；

（2）快件声明价值以实际货物价值为准；

（3）未保价的快件丢损、短少时，按照面单条款约定办理。

思政小故事

任务三　快递违约与赔偿

任务展示

消费者冯女士在网上购买了一部价值 4 198 元的手持云台相机，由于收货后在使用过程中觉得不符合自己的需求，于是选择申通快递退货。但快件寄出后，卖家在收件时发现是空快递，相机不翼而飞。申通快递称客户在寄件时未采用保价，不能全额赔偿，只能赔偿 1 000 元，通过多次协商，随后又称可以赔付 2 000 元。

本任务学习资料

请学生以小组为单位，结合快递业的违约及赔偿相关规定，帮助冯女士解决赔偿问题，最后每组派代表上台进行快件违约及赔偿作业演示。

任务准备

任务准备 1：认识快递违约责任

违约就是指合同当事人违反合同义务的行为。不履行合同义务的行为，分为不能履行、不完全履行、履行不适当等形态。

违约责任是指当事人不履行合同义务，依法产生的法律责任，包括继续履行、采取补救措施或赔偿损失等。

任务准备 2：认识快件赔偿

快件赔偿对象是寄件人或寄件人指定的收件人、受益人。

快件在运输过程中可能造成快件延误、丢失、损毁、内件不符等情况，每种情况所对应的赔偿范围也不同，具体如表 7-7 所示。

表 7-7 赔偿范围

序号	事故情况	赔偿范围
1	延误	免除本次服务费用（不包括保价等附加费用），由于延误导致内件直接价值丧失，应按照快件丢失或损毁进行赔偿
2	丢失	（1）快件发生丢失时，免除本次服务费（不含保价等附加费用）； （2）购买保价的快件，应该按照保价金额赔偿； （3）没有购买保价的快件，按照邮政法实施细则及相关规定办理
3	损毁	（1）完全损毁，参照丢失赔偿规定执行； （2）部分损毁，按照损失价值比例赔偿
4	内件不符	（1）内件品名与寄件人填写品名不符，按照完全损毁赔偿； （2）内件品名相同，数量和重量不符，按照部分损毁赔偿

受理赔偿限期是收寄快件之日起 1 年内。

任务准备 3：认识快件赔偿程序

一般来说，快件赔偿程序如图 7-4 所示。

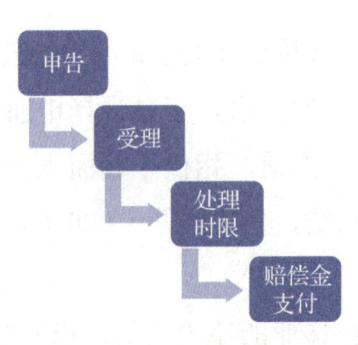

申告 → 受理 → 处理时限 → 赔偿金支付

图 7-4 快件赔偿程序

申告：快递公司应该提供赔偿申告单，由寄件人填写提交给快递服务组织。

受理：快递公司应该在 24 小时内答复，并告知赔偿处理的具体时限。

处理时限：是指从快递公司就赔偿申告答复寄件人开始，到快递服务公司提出赔偿方案的时间间隔。具体的赔偿处理时限如表 7-8 所示。

表 7-8 赔偿处理时限

序号	服务地区	处理时限（天）
1	同城和国内异地快件	30
2	港澳台快件	30
3	国际快件	60

任务准备4：认识快件赔偿纠纷的解决方式

在赔偿得不到有效解决时，可以采用以下方式维护权益：

（1）投诉。快递公司应提供投诉渠道，如网站、电话、信函等，记录投诉人的信息和投诉内容。在规定的时间内处理投诉，如国内快递不超过30天处理。快递公司应该提出解决方案，制定补救措施，按服务承诺及时处理。

（2）仲裁。由仲裁委员会裁决。

（3）诉讼。没有仲裁协议，寄件人可以向管辖区域的法院起诉。

任务准备5：认识赔偿注意事项

在快件赔偿活动过程中，应该注意以下事项：

（1）赔偿材料务必真实、齐全，防止假冒材料骗取赔偿金；

（2）如果赔偿未能达成一致，可通过司法手段解决，切勿意气用事；

（3）投诉处理结束后，快递公司要对客户进行跟踪调查、回访，了解赔偿的满意度；

（4）确定赔偿责任时，切勿擅作主张，应严格按照规定处理。

任务执行

步骤1：分清违约责任

根据所学知识，可以初步判定快递相机退货不翼而飞，事故的情况是＿＿＿＿＿＿，责任由＿＿＿＿＿＿＿＿＿＿＿＿＿＿承担。

步骤2：提供索赔资料

（1）提供清晰、完整的运单照片。

（2）发索赔函。

```
                              索赔函

    _____年___月___日，_____委托_____快递公司投寄快件，经_____查询，
告知我此件已确认遗失，现我要求索赔。
        单  号：
        发件地址：                          发件人及电话：
        收件地址：                          收件人及电话：
        内  件：                            价  值：
                                            联系人：
                                            联系方式：
```

步骤3：填写完整信息（见表7-9）

表7-9 索赔信息表

运单编号			发件日期		年 月 日
投诉方			被投诉网点		
投诉类型			收件人	姓名	
投诉方	联系人			地址	
	联系方式				
被投诉方	联系人				
	联系方式			联系方式	
快件内部物品			发件人	姓名	
内部物品价值				联系方式	

步骤4：确定赔偿金额

根据国内快递赔偿金额的规定计算，应该赔偿的金额是_____。

任务评价

在完成上述任务后，教师组织进行三方评价，并对任务实施过程进行点评，指出各组在任务实施过程中的亮点和缺点。学生完成表7-10的填写。

表 7-10 任务评价表

组 别			组 员			
任务名称			快递违约与赔偿			
考核内容		评价标准	参考分值	考核得分		
				自评	互评（平均）	教师评
职业素养	1	具有良好的团队合作精神	5			
	2	具有良好的专业行为规范	5			
	3	工作认真仔细、充满热情	5			
知识素养	1	了解快递违约责任	10			
	2	准确把握理赔范围	10			
	3	掌握快递赔偿的程序	25			
职业技能	1	能够准确判断和处理快递赔偿	15			
	2	能够独立完成快递违约和赔偿作业	25			
小 计			100			
合计 = 自评 20%+ 互评 30%+ 教师评 50%			组长签字			

拓展提升

快递已逐渐成为人们日常需求之一，关于快递丢件破损的纠纷也开始成为常见的消费纠纷。对于没有保价的快递，快递企业希望按照《邮政法》赔偿，而消费者更在意快递本身或者快递产品对应的实际价值，到最后往往就变成互相扯皮。快递赔偿标准不一，直接加高了消费者合法维权获取应得赔偿的门槛。

案例 1：消费者党先生通过顺丰速运邮寄价值 30 万元的珠宝，保价 5 000 元。丢件后，顺丰速运方面称赔偿 5 000 元，随后称赔偿 2 万元，双方僵持于保价数额和如何证明物品价值。

案例 2：消费者杨女士网购两件价值 3 000 元的衣服后通过韵达快递退货，随后被韵达快递方面告知快递丢失，且只能赔付 1 000 元。

从案例中可以看到，在大多数没有保价却发生丢件或者破损理赔事件当中，快递企业多依据《邮政法》相关条例，对于未保价的快递以 3 倍快递费的标准进行赔付。但消费者通过法律途径或者消费者协会维权却是要求与邮寄物品实际价格相应价值的赔偿。

结合以上案例，面对标准不统一的快递赔偿，说一说该如何进行改革和规范，才能令我们的快递业更加有规可循。

知识加油站

未保价的快递丢失如何赔偿

目前快递业发展迅速，现如今因未保价快递物品丢失的经济纠纷也逐渐增多，那么未保价的快递丢失该如何赔偿呢？

近日，福州一女子价值千元的快件被快递公司弄丢，多次索赔未果，甚至得到了"一分钱也不赔"的答复。据了解，该女子在寄快递时仅填写收件人姓名、地址、联系方式，没填物品信息，也未选择保价，最终快递公司仅赔24元，也就是3倍邮资。

那么未保价的快递丢失该怎么赔偿呢？

一、未保价快递丢失赔偿金额不受3倍邮资的限制。过去我们经常能看到一些几千元甚至几万元的快递物品因为消费者未购买保价服务，丢失后只能得到几百元或几十元赔偿的荒唐局面。这是根据《中华人民共和国邮政法》第四十七条的规定"未保价的给据邮件丢失、损毁或者内件短少的，按照实际损失赔偿，但最高赔偿额不超过所收取资费的三倍"。然而该法第四十五条第二款规定："邮政普遍服务业务范围以外的邮件的损失赔偿，适用有关民事法律的规定。"有关民事法律的规定，即《合同法》和《快递市场管理办法》的相关规定。因此，消费者应当注意，不超过3倍邮资的限制只适用于邮政普遍服务业务范围内的邮件损失赔偿，不适用于快递赔偿，也就是说，快递未购买保价服务的赔偿金额不受3倍邮资的限制。

二、未保价快递丢失可按《合同法》原价赔偿。2013年新的《快递市场管理办法》规定，在快递服务过程中快件丢失的，寄件人和快递公司有约定赔偿金额的应按约定赔偿，没有约定的但购买了保价服务的快件按照保价金额赔偿。对于未购买保价服务的快件，按照《中华人民共和国邮政法》《中华人民共和国合同法》等相关法律规定赔偿。因此，未购买保价服务的快递丢失可以按照《合同法》的规定赔偿。根据《合同法》规定，承运人对运输过程中货物的毁损、灭失承担损害赔偿责任；货物的毁损、灭失的赔偿额，当事人有约定的，按照其约定；没有约定或约定不明确的，按照交付或应当交付时货物到达地的市场价格计算。因此，如果消费者有证据能够证明所投寄的货物价值，即使没购买保价服务也应获原价赔偿。

三、为保护寄件安全和自身的合法权益，消费者在寄快递时首先应当选择信誉较好的快递企业。其次，在寄快递时应仔细阅读快递运单背面所列条款的各项规定，了解有关赔偿的规定，并且根据运单填好物品相关信息，如果快递物品属于一些较为贵重的物品，最好选择购买保价服务。最后，应当保存好运单等相关证据，当发生类似快递丢失的情况时，应先与快递公司协商，在协商不成功的情况下，尽快保留相关凭证，并向您所在的消费者保护协会投诉或者委托律师向法院起诉，以更好地保护您的权益。

思政小故事

习题巩固

参 考 文 献

[1] 国家邮政局职业技能鉴定指导中心. 快递员职业技能等级认定培训教材[M]. 北京：人民交通出版社，2023.

[2] 花永剑、王娜. 快递公司物流运营实务（第3版）[M]. 北京：清华大学出版社，2023.

[3] 汤双和. 快递理论与实务[M]. 大连：东北财经大学出版社，2023.

[4] 沈捷、刘庭翠. 快递综合实务[M]. 重庆：重庆大学出版社，2022.

[5] 钟莹. 快递实务[M]. 西安：西北工业大学出版社，2022.

[6] 俸毅、夏丽丽、赖菲. 快递业务操作与管理[M]. 成都：西南交通大学出版社，2022.

[7] 杨国荣、徐兰. 快递实务（第2版）[M]. 北京：北京理工大学出版社，2022.

[8] 赵婷婷. 快递实务[M]. 上海：上海交通大学出版社，2021.

[9] 国邮创展（北京）人力资源服务有限公司. 快递运营职业技能等级认定培训教材[M]. 南京：江苏凤凰教育出版社，2021.

[10] 闫靖、陈丽. 快递管理实务[M]. 北京：北京航空航天大学出版社，2021.

[11] 周祺、邱学林、张润卓. 快递业务操作实务[M]. 北京：中国财富出版社，2020.

[12] 刘万军. 快递实务[M]. 北京：中国财政经济出版社，2020.

[13] 陈雄寅. 快递实务[M]. 北京：高等教育出版社，2019.

[14] 何雄明. 快递客户服务与营销[M]. 北京：人民邮电出版社，2018.

[15] 王治军. 快递操作实务[M]. 汕头：汕头大学出版社，2019.

[16] 王铁牛. 快递业务操作[M]. 北京：机械工业出版社，2018.